AF540378

सेतुबंध

राजाभाई नेने

नरेंद्र मोदी

प्रभात प्रकाशन

प्रकाशक • **प्रभात प्रकाशन प्रा. लि.**
४/१९ आसफ अली रोड,
नई दिल्ली-११०००२

संस्करण • २०२२
अनुवाद • सुभाष भाटिया
मूल्य • तीन सौ रुपए
मुद्रक • नरुला प्रिंटर्स, दिल्ली

SETUBANDH
by Shri Raja Bhai Nene and Shri Narendra Modi ₹ 300.00
Published by Prabhat Prakashan Pvt. Ltd., 4/19 Asaf Ali Road, New Delhi-2
e-mail: prabhatbooks@gmail.com ISBN 978-93-5266-276-0

॥ हृदयगत ॥

सेतुबंध!
सदियों पहले
एक सेतु बना था।
रामायण काल में
लड़ाई थी
राम-रावण के बीच
देव एवं आसुरी
शक्तियों के बीच।

वास्तुकार नल-नील की प्रतिभा
वानर सेना की उत्कृष्ट भक्ति
और…
गिलहरी…से…सुग्रीवराज
हर किसीकी सामूहिक
भक्ति एवं
कर्म शक्ति!

ज्ञान, भक्ति, कर्म की
त्रिवेणी ने
निर्माण किया
वह सेतुबंध!
आसुरी शक्ति
पराजित हुई
दैवी शक्ति विजयी हुई!

वक्त बदलता है
रूप बदलते हैं
पात्र बदलते हैं
लेकिन…
दानव और मानव के बीच
संघर्ष चलता ही रहता है
यह संघर्ष
अंतर्मन से लेकर
चराचर सृष्टि तक
व्याप्त है

तभी तो…
निर्माण करने पड़ते हैं

'सेतु'
युग के अनुकूल

सेतुबंध का निर्माण
देश भर में
आज भी
चलता ही रहता है।
गुजरात में भी
ऐसे सेतुबंध के
प्रमुख वास्तुकार थे
श्री वकील साहब

उनकी कार्य शक्ति
कर्तत्व शक्ति
एवं
अपार भक्ति की
धुरा के इर्द-गिर्द
निर्मित
आकृति का
यह आलेख
यानी...
सेतुबंध!

जिन्होंने...
सहस्त्र हृदयों को
स्नेह के बंधन से
बाँध दिया
स्वयं
सेतु बनकर

चिरंतन सांस्कृतिक सरिता की
अनुभूति कराने हेतु
रचा था...
व्यवहार जगत् का...
सेतु...

भव्य भूतकाल की
धरोहर पर
उज्ज्वल भविष्य के
निर्माण हेतु
वर्तमान में रचा था
एक निष्ठ
पुरुषार्थ का
सेतु...!

यह वकील साहब का
चरित्र ग्रंथ नहीं है...
और न ही है यह
उनका गौरव गान...
यह तो है
उनकी
सुदीर्घ तपस्या का
पुरुषार्थ का
शब्द देह...!

गुजरात के संघ कार्य में
संघ परिवार में
वकील साहब का स्थान
अनोखा था।

गुजरात के सार्वजनिक जीवन में
उनका योगदान भी
अप्रतिम था⋯

ऐसी जीवन यात्रा को
स्नेह सरिता को
कर्मधारा को
शब्द-देह देना
सरल काम नहीं है

इसके बावजूद भी
वकील साहब के प्रति
समर्पित
अंत:करण के उत्कृष्ट भाव
शब्द रूप अभिव्यक्ति के लिए
प्रेरणा देते रहते हैं
उसी भाव विश्व की
कोख से तो
सृजन हुआ
'सेतुबंध'

'सेतुबंध' के
लिए
अनेकों ने
साहित्य भेजा है।
भेजे हैं संस्मरण
पत्र एवं तसवीरें भी
साथ-साथ
सद् इच्छा, सद् भाव
और सुझाव भी

'सेतुबंध' की
रचना में
उसका बहुत उपयोग हुआ
हम सबके आभारी हैं
हाँ⋯
फिर भी मन में
एक कसक
है ही
आई हुई सारी जानकारी का हम
उपयोग कर नहीं पाए

उसके पीछे भी
कुछ कारण हैं
कुछ मर्यादाएँ भी⋯
'लक्ष्मण-रेखा थी'
'सेतुबंध' के पीछे की
भूमिका की
मर्यादा थी⋯
उसकी आकृतिबंध की
और उससे भी
अधिक मर्यादा थी
हमारी प्रतिभा शक्ति की।
बावजूद⋯
हमें लगता है
इस कृति के संबंध में
पाठकों के मन में
जो धारणाएँ होंगी

जो अपेक्षाएँ होंगी
उसकी कुछ मात्रा में
पूर्ति होने का
अहसास अवश्य होगा।

नम्र अपेक्षा यही है कि
समाज जीवन के
विविध क्षेत्रों में
जो लोग समर्पण भाव से
युगानुरूप
'सेतुबंध' का
निर्माण कर रहे हैं
उन सबके लिए
यह शब्द रूप
'सेतुबंध'
कुछ-न-कुछ
काम आए।

—राजाभाई नेने, नरेंद्र मोदी

प्रस्तावना

आज मनुष्य मनुष्य से दूर होता जा रहा है—धर्म के नाम पर, विचारों के नाम पर, दल के नाम पर अथवा वैयक्तिक राग-द्वेष और मत-मतांतर के कारण—और ऐसे छिन्न-भिन्न हुए सामाजिक जीवन के लिए स्व. वकील साहब (लक्ष्मण माधव इनामदार) का जीवन सेतुबंध की प्रेरणा देनेवाला है। मनुष्य को समझने और दूसरों को प्रेम से आत्मसात् करने की अद्भुत कला उनके पास थी। इसीलिए तो परिवारजनों से दूर हुए, सैकड़ों कार्यकर्ताओं के बीच वे सेतु बने थे। उन्होंने ऐसे सैकड़ों परिवारों को संघ की प्रवृत्ति में रसपूर्ण जोड़ा था।

वकील साहब कठोर साधना के मूर्तिमंत आविष्कार थे। वे एक तपस्वी भी थे। मंगलकारी ध्येय के लिए मुसीबतों एवं आपदाओं का उन्होंने दृढ़ता से स्वागत किया और इसीलिए उनके जीवन में विशिष्ट सुगंध थी। वे संघ के विपत्ति काल में भी दृढ़ रहे और उसपर से गुजरनेवाली तूफानी हवाओं में संघ की मशाल को प्रज्वलित करने का भगीरथी कार्य करते रहे। हजारों के मार्गदर्शक और प्रेरक बने। उनका दृढ़ मनोबल, अपूर्व धैर्य और हिमालय की तरह अडिग निष्ठा हजारों कार्यकर्ताओं के लिए मार्गदर्शक थी। वे केवल कार्यकर्ता निर्माता ही नहीं, एक कुशल संगठनकर्ता भी थे। उनके नेतृत्व में निर्भीकता और व्यवहार में सयानेपन का समन्वय था, इसीलिए वकील साहब छोटे-बड़े सबको अपने लगते थे।

लाखों-करोड़ों सामान्य बच्चों की तरह भारतीय परंपरा में पैदा हुए और पले वकील साहब को उनके संस्कारों, उनकी ध्येयनिष्ठा, दृढ़ मनोबल, राष्ट्र तथा धर्म के प्रति भावना ने उन्हें सामान्य से असामान्य बना दिया। उनका प्रेरक जीवन लाखों सामान्य जवानों को उन्नत पथगामी बनाएगा। असाध्य बीमारी के शिकार बने और मृत्यु से भीषण संग्राम में भी विजयी बने वकील साहब का जीवन दुर्बल मनुष्य के लिए निरंतर कार्यरत बने रहने की प्रेरणा देनेवाला है।

वकील साहब राष्ट्र तथा धर्म के प्रति समर्पित एक अति सुंदर एवं सुगंधमय जीवनपुष्प हैं और ऐसे पुष्प को काल भी मसल नहीं सकता। वह तो हमेशा ही महकता रहेगा तथा 'सेतुबंध' के रूप में अपनी सुगंध से समाज को, राष्ट्र को हमेशा सुगंधित रखेगा—ऐसी प्रभु चरणों में प्रार्थना करता हूँ। ऐसे प्रशंसनीय प्रयास के लिए उनके कार्यकर्ता धन्यवाद के पात्र हैं।

केवल संघ के कार्यकर्ता ही नहीं, अपितु किसी भी प्रवृत्ति से जुड़े युवक मात्र के लिए स्व. वकील साहब का जीवन एक दीपशिखा के समान है। कार्यकर्ताओं से एक नम्र प्रार्थना करता हूँ कि वकील साहब गुजरात के ही नहीं, अपितु समग्र राष्ट्र के थे; इसलिए राष्ट्रभाषा में 'सेतुबंध' को अनुवादित कर राष्ट्र चरणों में अर्पित करें।

—पांडुरंग शास्त्री आठवले

तप्त ज्ञान विद्यापीठ

मुंबई

ऋण स्वीकार

राष्ट्रीय स्वयंसेवक संघ के संस्कार-यज्ञ को पचहत्तर वर्ष पूर्ण हुए हैं।

इस संस्कार-यज्ञ में न जाने कितने जीवनों ने समय का प्रत्येक पल और शरीर का प्रत्येक कण यज्ञाहुत कर दिया।

ऐसे समर्पित जीवनों की माला में एक मोती वकील साहब भी थे।

उनका कार्यक्षेत्र विशेषरूप से हिंदुस्तान का पश्चिम क्षेत्र रहा; पर उनका जीवन देश एवं मानवता के लिए कार्य करनेवालों के लिए प्रकाश स्तंभ बनकर सदैव प्रेरणा देता रहेगा।

'सेतुबंध' पुस्तक की प्रस्तावना लिखते समय इस युग के मनीषी स्वाध्याय परिवार के 'दादा' पूज्य श्री पांडुरंग शास्त्री आठवलेजी ने इसका हिंदी अनुवाद करने का आग्रह किया था।

एक लेखक के रूप में मुझे इस बात का संतोष है कि देर से ही सही, आज पूज्य दादा की इच्छा को हम पूरा कर सके।

मूल गुजराती में लिखी इस पुस्तक के एक लेखक श्री राजाभाई नेने आज हमारे बीच नहीं हैं। अगर आज वे होते तो उनकी प्रसन्नता की कोई सीमा न होती।

स्वास्थ्य ठीक न होने के बावजूद भी मेरे परम मित्र डॉ. सुभाष भाटियाजी ने कष्ट सहन कर पुस्तक के हिंदी अनुवाद के गुरुतर कार्य को किया। उनका मैं ऋण स्वीकार करता हूँ।

—नरेंद्र मोदी

वर्ष प्रतिपदा

संवत् २०५८

अनुक्रम

हृदयगत
प्रस्तावना
ऋण स्वीकार
१. वट वृक्ष का बीज १५
२. बीज का विस्तार २९
३. संघ योगी की साधना ३३
४. दीप से दीप जलाओ ४२
५. परिव्राजक का परिवार ५८
६. राष्ट्र जीवन के शिल्पी ६८
७. आँधी ७३
८. स्फूर्ति केंद्र ७९
९. भाषांवाद का भस्मासुर ८३
१०. साँच को आँच नहीं ८७
११. मूल्यों की सुरक्षा ९१
१२. वार ऑफ नर्व्स ९६
१३. कामये दु:ख तप्तानाम् १०२
१४. एकता का अंगार १०६
१५. विराट् जाग रहा है १०९
१६. तपस्वी गया तप रहा ११३

संघ दर्शन (वकील साहब के शब्दों में)

१. जैसा समाज वैसा देश १२३
२. अपनी शाखा १२९
३. पुरुषार्थी कार्यकर्ता १३३
४. हिंदू शक्ति का जागरण १३७
५. शब्द नहीं कृति १४०

वट वृक्ष का बीज

शेक्सपियर ने एक स्थान पर लिखा है—'नाम में क्या रखा है? आप गुलाब को गुलाब कहें या किसी और नाम से संबोधित करें, उसकी सुगंध में क्या फर्क पड़ेगा?' शेक्सपियर की इस बात में कुछ अंश तक तथ्य भी हो सकता है, परंतु इसे पूर्णतः सत्य नहीं माना जा सकता। हमारे जीवन में कई नाम ऐसे आते हैं जो हमारे मन पर विशेष प्रभाव नहीं छोड़ पाते; परंतु रविशंकर शिवशंकर व्यास नाम लेने से तुरंत ही हमारा मन अनायास उस व्यक्तित्व की ओर चला जाता है, जिसे 'गुर्जर भूमि' का रत्न कहा जा सकता है; जिसने इस भूमि के जंगलों, पहाड़ों और कंदराओं को रौंदकर जनमानस में रविशंकर महाराज के रूप में अपने आपको बैठा दिया। लोग आज भी रविशंकर व्यास को नहीं पहचानते; परंतु 'रविशंकर महाराज' के रूप में पूजा करते हैं। इसी प्रकार का एक और नाम आँखों के सामने दृष्टिगत होता है—अमृतलाल विट्ठलदास ठक्कर का। उन्हें कौन जानता है, परंतु 'ठक्कर बापा' कहते ही एक अद्‌भुत भावविभोर स्थिति में पहुँच जाते हैं और दरिद्रों में खड़े दरिद्र-नारायण के दर्शन पाते हैं।

इसी प्रकार लक्ष्मण माधव इनामदार के नाम को गुजरात के कितने लोग पहचानते होंगे? परंतु 'वकील साहब' कहते ही न केवल गुजरात के शहरों में अपितु गुजरात का कोई गाँव भी ऐसा न होगा जहाँ यह नाम न पहुँचा हो। किसी भी दिशा में चले जाइए, इस नाम को जानने और पहचाननेवाला कोई-न-कोई तो अवश्य मिल जाएगा। अतः रविशंकर शिवशंकर व्यास हों,

अमृतलाल विट्ठलदास ठक्कर हों या लक्ष्मण माधव इनामदार हों, इन नामों से वे परिचित न होंगे; परंतु उनकी कर्मठता, सेवा, मानव सहृदयता और सामाजिक समरसता ने उनके मूल नाम को काल के गर्त में छिपा दिया और इतिहास के पन्ने पर कभी न मिट सके, ऐसे रविशंकर महाराज, ठक्कर बापा या वकील साहब लोक-हृदयों के सिंहासन पर ऐसे बैठ गए कि आनेवाला कल भी उन्हें उतार नहीं सकेगा।

इस तपस्या का वास्तविक स्वरूप हमारे सामने आए, इसके लिए थोड़ा सा इतिहास में झाँकना होगा।

'वकील साहब' का जन्म २१ सितंबर, १९१७ को महाराष्ट्र के सतारा जिले में खटाव गाँव में हुआ। भारतीय कालगणना के अनुसार यह दिन भादों सुदी पंचमी अर्थात् ऋषि पंचमी थी। इनके कुल में सात भाई और दो बहनें थीं। भाइयों में इनका क्रमांक तीसरा था। उनके पिता का नाम माधवराव और जाति इनामदार। वैसे तो उनकी जाति खटावकर थी, जो बाद में चलकर इनामदार हुई। इसका भी एक इतिहास है। उस जमाने में जिस व्यक्ति या परिवार ने 'स्वराज' की सेवा की हो, उसे कुछ गाँव या जमीन इनाम में देने की परंपरा महाराष्ट्र में थी। वकील साहब के एक पूर्वज श्री कृष्णराव खटवाकर ने इसी प्रकार स्वराज की सेवा की थी, अत: छत्रपति साहू महाराज संभाजी के पुत्र और शिवाजी महाराज के पोते ने उनको 'सरदार' का खिताब और कुछ जमीन इनाम में दी। इनाम में मिली इस जमीन की आय का कुछ हिस्सा इनामदारजी को मिलता था और साथ-साथ कुछ प्रशासनिक अधिकार भी उनके पास रहते थे। अत: स्वभावत: 'इनामदार' पद एक प्रतिष्ठा एवं सम्मान का विषय माना जाता था। कालक्रम में इनाम चला गया और 'इनामदार जाति' अपने पदचिन्ह छोड़ गई।

वकील साहब के पिता का अपना पैतृक परिवार भी बहुत बड़ा था। माधवराव की छह बहनें थीं, उनमें से चार बहनें असामयिक विधवा होकर अपने बाल-बच्चों सहित मायके आ गई थीं। माधवराव कैनाल इंस्पेक्टर थे। अत: उनकी एक गाँव से दूसरे गाँव बदली होती रहती थी; परंतु परिवार खटाव में ही रहता था।

उस जमाने में सात वर्ष की आयु होने पर ही स्कूल में प्रवेश मिलता था।

अत: इनकी शिक्षा भी सात वर्ष की आयु में ही प्रारंभ हुई। सन् १९२३ में इनके पिता की बदली किर्लोस्करवाड़ी के पास 'दूधोंडी' गाँव में हुई तो वहीं इनका स्कूल में दाखिला करा दिया गया। दो साल वहाँ शिक्षा प्राप्त कर वे अपने दादाजी के पास खटाव वापस आ गए। उनके बड़े भाई रामभाऊ तो पहले से ही वहीं रहते थे।

वकील साहब की चौथी कक्षा तक की शिक्षा खटाव में ही हुई; परंतु आगे की शिक्षा का प्रश्न आकर खड़ा हुआ। पिताजी ने बच्चों की शिक्षा के लिए सतारा में एक मकान किराए पर ले लिया था। उनकी एक बहन चार वर्ष पूर्व ही वहाँ रहने गई थी। चौथी कक्षा पास कर वे भी वहीं पढ़ने चले गए। सन् १९२९ में सतारा के 'न्यू इंग्लिश स्कूल' में दाखिल हुए। उनके बड़े भाई रामभाऊ एक वर्ष पूर्व ही सतारा आ गए थे।

इनामदारजी का विशाल संयुक्त परिवार और आय के मर्यादित साधन इन दोनों के बीच में हमेशा कसमकस रहती थी, फिर भी इससे होनेवाले आंतरिक संघर्षों से मिले लाभों की चर्चा करते हुए वकील साहब के अनुज किशनरावजी ने बातों-बातों में कहा, 'विधवा होकर चार-चार बहनें अपने बच्चों सहित मायके आईं। उन सबकी अनेक प्रकार की भिन्नताएँ और आर्थिक कठिनाइयों के बीच भी उन सबको निभाना अनिवार्य हो गया था, क्योंकि वे सभी आखिर अपने ही हैं। इस महत्त्वपूर्ण बिंदु को ध्यान में रखकर यदि उनके लिए हमें थोड़ा कष्ट उठाना पड़े, इससे उनका दुःख कम होता हो तो इससे बड़ा सौभाग्य कौन सा हो सकता है। एक तरह से तो यह अत्यधिक संतोष का विषय था, ये अभूतपूर्व दृढ़ संस्कार थे, जो बचपन से ही हमें विरासत में मिले थे। इस प्रकार संपूर्ण हिंदू समाज हमारा परिवार ही है। संघ का मूलभूत सूत्र भी यही है, जिसकी नींव हमारे मन-मस्तिष्क पर यहीं से पड़ी।'

अजिंक्य तारा की साक्ष्य

वकील साहब के प्रत्यक्ष सामाजिक जीवन का प्रारंभ सतारा से ही हुआ, ऐसा कह सकते हैं। सतारा में अभ्यास के साथ-साथ मित्र-मंडलियाँ भी जमती थीं। व्यायाम के शौकीन तो वे बचपन से ही थे, परंतु इसके पीछे

पहलवान बनने का लक्ष्य नहीं था। लक्ष्य था तो केवल इतना ही—मंडल खड़े करना, जिसके माध्यम से कबड्डी और खो-खो जैसे खेल किए जा सकें। अनेक बार संघ नायक के रूप में भी वे रह चुके थे और खेलकूद की स्पर्धाओं में उनके मंडल ने अनेक पुरस्कार जीते थे। सरकारी इनाम तो चले गए; परंतु अपने पुरुषार्थ से खेलकूद के क्षेत्र में इनाम जीतकर इनामदार जाति को इन्होंने सार्थक बनाए रखा।

सतारा के उस समय के उनके जीवनक्रम का चित्र गोपालभाई गूजर, जो कि गुजरात में दस वर्षों तक प्रचारक भी रहे, आलेखित करते हुए लिखते हैं—'हम प्रभात में अजिंक्य तारा पर्वत दौड़ने जाते, वहाँ भिन्न-भिन्न प्रकार के व्यायाम करते, जिससे शरीर मजबूत बने और किसी भी परिस्थिति का सामना कर सके। खेलकूद के मैदान पर भी भिन्न-भिन्न प्रकार के खेल खेले जाते, जिससे संघ भावना दृढ़ होती थी। सतारा का हमारा बाल क्रीड़ा मंडल उस समय उस क्षेत्र में सबसे आगे था। विदेशी सत्ता के अत्याचारों से हमारा खून खौल उठता था। एक ओर स्वातंत्र्य वीर सावरकर और अन्य कितने ही सपूत अंडमान की जेल में नरक जैसी जिंदगी जी रहे थे। उनपर राजसत्ता की ओर से क्रूर दमन चलता था। बंगाल के अरविंद और बारींद्र, चंद्रशेखर आजाद, खुदीराम बोस जैसों की कहानियाँ सुनकर हमारा मन दो-टूक हो जाता। मन मानने को तैयार ही न होता कि यह सब वे कैसे सह पाते होंगे! इतनी ध्येयनिष्ठा, दृढ़ता उनमें कैसे पैदा हुई होगी! लगातार तिरपन दिन का उपवास कर मृत्यु का आलिंगन करनेवाले यतींद्रनाथ के बलिदान की गाथा घर-घर गाई जाती थी। हाथ में 'गीता' और मुख से 'वंदे मातरम्' का जयघोष कर फाँसी का फंदा चूमनेवाले भगतसिंह, बटुकेश्वरदत्त और राजगुरु हमारे आदर्श बने। उस समय सोलापुर में मार्शल लॉ लगाया गया, जिसमें मल्लाया शेट्टी और अन्य तीन को फाँसी दी गई। यह सब देख-सुनकर हम अधीर हो उठे। हमें भी कुछ करना चाहिए, यह विचार मन में उठ खड़ा होता था। चर्चाएँ तो बहुत होतीं, पर दिशाएँ न सूझती थीं।'

पारस स्पर्श

गोपालराव आगे लिखते हैं—'धीरे-धीरे लक्ष्मणरावजी अंग्रेजी सातवीं

कक्षा (जो कि आज की मैट्रिक या दसवीं कक्षा कहलाती है) पास कर महाविद्यालयीय शिक्षा हेतु पूना गए। हम चार में गोविंदराव गजेंद्रगड़कर (स्व. वसंतराव गजेंद्रगड़कर के बड़े भाई) नौकरी के लिए अमदाबाद गए। पूना की हमारी परीक्षाएँ पूर्ण होने के बाद गर्मियों की छुट्टियों में हम सतारा आए। श्री लक्ष्मणराव उस समय मैट्रिक की पूर्व परीक्षा की तैयारी कर रहे थे। एक रात लक्ष्मणराव और उनके बड़े भाई अप्पा मुझे घर बुलाने आए। हम सतारा के उस समय के सुप्रसिद्ध एडवोकेट दादा साहब करंदीकर के घर गए। वहाँ सतारा के हिंदुत्वनिष्ठ महानुभाव एवं मंडल या अखाड़े में काम करनेवाले करीब बीस-पच्चीस युवक एकत्र हुए थे। उस समय हमें पहली बार डॉ. हेडगेवारजी के दर्शन हुए। सन् १९३५ का मार्च महीना था। विदर्भ में स्थान-स्थान पर शाखाएँ प्रारंभ कर डॉ. साहब पश्चिम महाराष्ट्र के प्रवास पर आए। संघ की शाखा सर्वप्रथम पूना में प्रारंभ हुई। ऊँची दीवार की काली टोपी, कोट, सफेद कमीज और गले में लिपटा हुआ स्कॉर्फ—यह था उनका सादा पहनावा।

'मिलिट्री ऑफिसर की तरह एक छड़ी हाथ में थी। उस छड़ी के नॉब पर खड़ी पूँछवाले शेर की अनुकृति थी। जिसके पास में 'स्वयमेव मृगेंद्रता ध्येय' वाक्य अंकित था। वास्तव में डॉ. साहब स्वयं नरसिंह थे। सरल, गंभीर, परंतु प्रभावशाली शब्द उनकी वाणी से निकल रहे थे। ('हिंदू समाज को संगठित करने पर ही हमारा राष्ट्र अखंड और स्वतंत्र होगा।' यही उनके व्याख्यान का सारभूत तत्त्व था।) अपने अनुभव से इतिहास के उदाहरण एवं वर्तमान परिस्थितियों की घटनाओं से उनके कथन परिपूर्ण थे। एक-एक शब्द में उनकी वेदना झलक रही थी।

'पूज्य डॉक्टरजी ने हमेशा अपनी प्रणाली के अनुसार व्याख्यान पूर्व अपना परिचय दिया और वहाँ एकत्रित सभी का परिचय लिया। व्याख्यान पूर्व एवं पश्चात् हम सबने उनसे खूब बातें कीं। उस समय उनके मन की ऋजुता, उदारता एवं मनुष्य मन को जीत लेने की अद्‌भुत शक्ति का परिचय हुआ। उसके बाद सतारा में संघ की शाखा प्रारंभ करना और संघ के स्वयंसेवक बनना शुरू कराया। कुछ लोगों से उन्होंने प्रतिज्ञा भी करवाई; परंतु लक्ष्मणराव खुद चिकित्सक प्रवृत्ति के थे, इसीलिए किसी भी बात को पूरा विचार किए

बिना स्वीकार नहीं करते थे और शीघ्र ही स्वीकृति नहीं देते थे। अत: उस दिन प्रतिज्ञा न लेते हुए दूसरे दिन मिलना तय हुआ। रात भर उन्होंने डॉ. साहब के वक्तव्य पर खूब विचार किया। दूसरे दिन डॉ. साहब के पास जाकर प्रतिज्ञा ली और हम स्वयंसेवक बने। असीम पुरुषार्थ और त्याग का प्रतीक परम पवित्र भगवा ध्वज लहरा रहा था। उसके साक्ष्य में डॉ. साहब गंभीर, सुस्पष्ट शब्दों में प्रतिज्ञा का एक-एक वाक्य कहते थे और हम लोग उतनी ही गंभीरता से दोहराते थे—

'हिंदू धर्म, हिंदू संस्कृति और हिंदू समाज की रक्षा कर···

'हिंदू धर्म, हिंदू संस्कृति और हिंदू समाज की रक्षा कर···

'हिंदू राष्ट्र स्वतंत्र करने हेतु मैं राष्ट्रीय स्वयंसेवक संघ का अंग बना हूँ···

'हिंदू राष्ट्र स्वतंत्र करने हेतु मैं राष्ट्रीय स्वयंसेवक संघ का अंग बना हूँ···

'संघ का कार्य मैं प्रामाणिकता से, निस्स्वार्थ बुद्धि से, तन-मन-धनपूर्वक करूँगा···

'संघ का कार्य मैं प्रामाणिकता से, निस्स्वार्थ बुद्धि से, तन-मन-धनपूर्वक करूँगा···'

'और अंत में डॉ. साहब ने प्रतिज्ञा के अंतिम वाक्य का उच्चारण किया—

'यह व्रत मैं जीवनपर्यंत पालूँगा।'

'हमने भी उनके पीछे एक स्वर में कहा, 'यह व्रत मैं जीवनपर्यंत पालूँगा।'

प्रतिज्ञा विधि पूर्ण हुई। हम सबके मन में दिशाशून्यता का भँवर चल रहा था। भँवर शांत हुआ, दिशा स्पष्ट हुई और विचार···हुआ। संघ कार्य मैं प्रामाणिकता से, निस्स्वार्थ बुद्धि से, तन-मन-धनपूर्वक करूँगा और आजीवन पालन करूँगा।

हाई स्कूल की परीक्षा पूरी कर उच्च शिक्षा हेतु वकील साहब पूना आए। सरकारी नौकरी न करने का विचार तो पहले से ही मन में ठान लिया था; क्योंकि एक तो उसमें स्थिरता नहीं रहती, गाँव-गाँव भटकना पड़ता था, ऐसा कटु अनुभव तो पिताजी की सरकारी नौकरी में देख ही रहे थे। दूसरा, विदेशी नौकरी न करने के पीछे स्वाभिमान भी स्पष्ट झलक रहा था। राष्ट्रीय स्वयंसेवक

संघ की प्रतिज्ञा लेने के बाद यह विचार और भी दृढ़ हो गया। इसीलिए वकील होने का दृढ़ निश्चय कर विनयन विभाग में दाखिल हुए। वकील के व्यवसाय में स्वतंत्र रहकर प्रैक्टिस करते-करते संघ कार्य करने में सरलता और मुक्ति— दोनों का अहसास हुआ।

घर की आर्थिक दुर्दशा पूर्ववत् ही थी। उसमें भी पूना जैसे शहर में रहना, खाना एवं कॉलेज का अन्य खर्च का बोझ भी बढ़ा। संयोगवश सतारा की उनकी मित्र मंडली के कुछ मित्र पहले से ही वहाँ अभ्यास करने हेतु आए हुए थे। वह उनके साथ रहने लगे और बचत हेतु तीन टिफिन में से चार लोगों का काम चला लेने का रास्ता ढूँढ़ निकाला। पूना आने के बाद संघ कार्य पूर्ववत् उत्साहपूर्वक चलता रहा। दूर-दूर के क्षेत्रों में जाकर शाखा चलाने की जिम्मेदारी हमपर आई। छह-आठ किलोमीटर तक भी जाना पड़ता था। प्रत्येक के पास अपना वाहन हो, यह संभव न था, अत: कभी डबल सवारी, कभी नजदीक का स्थान हो तो पैदल जाना, और दूर जानेवाले स्थान के लिए साइकिल का प्रयोग करते थे। इस प्रकार बारी-बारी से साइकिल का प्रयोग होता और उसमें खूब आनंद आता। यदि मन हो तो मंजिल मिल ही जाती है।

भागानगर सत्याग्रह

ऐसी कठिन परिस्थितियों में वकील साहब की जीवन तपस्या निरंतर गतिशील थी। एक ओर अभ्यास, दूसरी ओर संघ कार्य। इंटर आर्ट से पास करने के बाद एल-एल.बी. के अभ्यास क्रम में दाखिल हुए। एल-एल.बी. की प्रथम परीक्षा में पास भी हुए, परंतु उसी दौरान सन् १९३९ में भागानगर (हैदराबाद) का सत्याग्रह प्रारंभ हो गया। प्रश्न यह उठता है कि यह सत्याग्रह क्यों हुआ? किसने प्रारंभ किया? वकील साहब के इस सत्याग्रह की ओर मुड़ने से पहले थोड़ी पिछली भूमिका भी देख लेना आवश्यक है—एक समय वह भी था, जब देश में लगभग साढ़े पाँच सौ देसी रियासतें थीं। उनमें हैदराबाद एक बड़ा राज्य था। विडंबना यह थी कि राज्य की बहुसंख्यक प्रजा हिंदू और शासक मुसलमान था। उसमें भी शासक निजाम इतना जुल्मी था कि 'निजामी राज' उस समय जुल्मी शासन का पर्याय बन गया था। वहाँ

की प्रजा ने समय-समय पर जुल्मी शासन का विरोध करने का प्रयास किया; परंतु निजाम उसे कुचल डालता था। सन् १९३७ में प्रांतीय स्वायत्तता आई। राज्यों में 'अपना शासन' प्रारंभ हुआ; किंतु हैदराबाद की जनता पिसती रही। अंततः वहाँ की प्रजा ने स्वायत्तता के लिए आंदोलन प्रारंभ कर दिया, परंतु प्रजा की माँगों पर विचार करने की बजाय पुलिस, अर्धसैनिक बल और संगठित जमींदारों द्वारा प्रजा पर अमानवीय अत्याचार प्रारंभ कर दिए गए। निजाम के पास भारी अस्त्र-शस्त्र होने की हवा और निजाम के स्वयं मुसलिम होने के कारण इन अत्याचारों के सामने कांग्रेस मूकदर्शक बनकर बैठी रही। आखिर स्वातंत्र्यवीर सावरकर ने निजाम के सामने निश्शस्त्र प्रतिकार आंदोलन प्रारंभ किया। बाद में आर्यसमाज भी इसमें जुड़ गया। वीर सावरकर के आह्वान पर राष्ट्र के कोने-कोने से सत्याग्रहियों की टुकड़ियाँ हैदराबाद में दाखिल होने लगीं। उस समय पूना के प्रमुख वकील एवं हिंदू महासभा के अगुआ स्व. ल.ब. भोमटकर के नेतृत्व में करीब एक सौ पचास कॉलेज-युवक सत्याग्रह से जुड़ गए। वकील साहब भी अपना एल-एल.बी. का अभ्यास अधूरा छोड़कर इस टुकड़ी के साथ सत्याग्रह में कूद पड़े।

सत्याग्रह प्रारंभ हुआ; परंतु निजाम का सत्य, न्याय और नीति के साथ कहाँ संबंध था! उसने क्रोध में आकर राज्य की हिंदू प्रजा पर और अधिक जुल्म ढाने प्रारंभ कर दिए।

सत्याग्रहियों पर जेल में किस तरह के जुल्म हुए, इसका एक उदाहरण वकील साहब के एक सत्याग्रही मित्र श्री मो.स. साठे ने सन् १९८५ के 'उत्तमकथा' अंक में वकील साहब को श्रद्धांजलि देते हुए लिखा है—'सत्याग्रहियों को खराब भोजन दिया जाता था, जिसका विरोध करने के लिए एक टुकड़ी जेल की कचहरी के सामने दोपहर बारह बजे जेल की रोटी हाथ में लेकर घोषणा करते हुए एकत्रित हुई। सत्याग्रहियों की केवल एक ही माँग थी, अच्छा भोजन दो। ये रोटियाँ हमको नहीं खानीं। जेल अधिकारी उनसे कहने लगे, 'इसमें हमारा कोई कुसूर नहीं, अनाज साफ करने का काम तो तुम लोग ही करते हो। तुम लोग ठीक ढंग से साफ नहीं करते तो हम क्या करें?'

'अधिकारी का जवाब उसकी दृष्टि से उचित था, परंतु सत्याग्रहियों का

संघर्ष भी शत-प्रतिशत योग्य था। वे अपनी बात बदलने को तैयार न हुए। लंबे समय तक 'तू-तू मैं-मैं' होती रही। आखिर युक्तिबाज जेलर ने एक युक्ति आजमाई। उसने सत्याग्रहियों से कहा, 'पहले तुम सब अपनी-अपनी बैरक में जाओ। तुम्हारी सभी माँगें पूरी कर दी जाएँगी।' परंतु सत्याग्रही उसकी यह भेड़िया चाल समझ न पाए। उन्हें तो लगा कि हमारी विजय हुई और इस विजय के आनंद में बैरक में चले गए।

'जेलर की चाल का अर्थ दोपहर के बाद चार बजे दस सत्याग्रहियों की समझ में आया, जब बैरक के दरवाजे के बाहर डंडाधारी पुलिस और गाँव से बुलाए गए किराए के मुस्टंडे आमने-सामने पंक्तियों में खड़े हो गए। वार्डन ने ताला खोला और गर्जना करके बोला, 'एक-एक कर बाहर निकलो।' सत्याग्रही सब समझ गए। यह सुबह किए गए प्रदर्शन का परिणाम था, ताकि फिर से सिर न उठा पाएँ।

'हमें सबक सिखाने के कार्यक्रम का निरीक्षण करने हेतु अलीगढ़ रिटर्न' अधिकारी को लाया गया था। हिंदू-द्वेष उसकी नस-नस में भरा था। 'वृद्ध जेलर ढीला है, इसलिए ये सत्याग्रही सिर चढ़ गए हैं। यह फरियाद तो उनकी कब की थी', आज अवसर मिल गया।

'एक-एक करके सत्याग्रहियों को बाहर खींचा जाता। पुलिस और गुंडे दोनों ओर से सत्याग्रहियों को पीटते-पीटते दूर नीम के पेड़ तक ले जाते और चार-चार की पंक्तियों में बैठाया जाता।'

श्री साठे आगे लिखते हैं—'पहले मेरी बारी आई। मुझे उन लोगों ने इतना मारा कि मैं जमीन पर निढाल होकर गिर गया। पीठ का वह हिस्सा कई दिनों तक दर्द करता रहा।

'मेरे बाद तुरंत लक्ष्मण (वकील साहब) की बारी आई। इस अवस्था में वह स्थिर रहा। इस सारी अवस्था की उसने मानसिक रूप से मानो पहले ही तैयारी कर रखी थी; परंतु उसे पुलिस द्वारा मारा जाना इतना न अखरा जितना किराए के गुंडों द्वारा मारा जाना। यह दर्द, यह कसक और पीड़ा उसके चेहरे से साफ झलक रही थी।

'लगभग सात वर्ष का कारावास भुगतने के बाद वकील साहब जेल से छूटे। उनकी जीवन साधना का एक अध्याय पूरा हुआ, जो कि उनके मन,

शरीर और बुद्धि की कसौटी पर घर कर गया।

'वकील साहब उपर्युक्त भागानगर सत्याग्रह में पिताजी की मंजूरी के बिना ही जुड़ गए थे। घर की सामान्य आर्थिक स्थितियों में शिक्षा अधूरी छोड़कर पिताजी सत्याग्रह में जाने देते, यह तो संभव ही न था। इसीलिए बिना मंजूरी लिये ही सत्याग्रह से जुड़ना पड़ा। अतः इसका गुस्सा माधव रावजी के मन में हो, यह अस्वाभाविक तो न था, परंतु पिता के मन के एक कोने में यह भय भी तो था ही कि निजाम की कैद से वापस लौटेगा भी कि नहीं! अत: पिता के मन में जहाँ एक ओर गुस्सा था वहीं दूसरी ओर भय भी था कि पुत्र कुशलतापूर्वक वापस आएगा कि नहीं!

'आखिर वकील साहब वापस लौटे। क्रोध पी जाने के लिए यही काफी था। अब उन्हें लगा कि जो हुआ सो हुआ; परंतु अब लक्ष्मण अधूरी शिक्षा प्रारंभ करेगा और धीरे-धीरे गाड़ी पटरी पर आ जाएगी। ऐसा सोचकर माधवराव भागानगर सत्याग्रह की बात पी गए।

'इनामदारजी ने द्वितीय एल-एल.बी. की परीक्षा उत्तीर्ण कर पिताजी की इच्छा पूरी की। गाड़ी पटरी पर चढ़ेगी, उनका यह स्वप्न अधूरा ही रह गया। गाड़ी पटरी पर चढ़ी तो सही, पर संघ की पटरी पर।'

क्षुब्ध अग्नि

यह सब किस तरह से हो गया? उस समय स्वतंत्रता के वातावरण ने ही चारों ओर क्षोभ भर दिया था। दूसरा महायुद्ध प्रारंभ हुए तीन वर्ष बीत गए थे। अंग्रेज पीछे हट रहे थे। जिस स्वतंत्रता की आकांक्षा को लेकर सहस्रों भारतीय सपूतों ने बलिदान दिए थे, जेलों में गए थे, देश निष्कासन भोगा था—वह स्वतंत्रता यूरोप में अंग्रेजों के पीछे हटने से करीब आती दिखाई दे रही थी। उसी समय महात्मा गांधीजी ने 'भारत छोड़ो' आंदोलन प्रारंभ कर दिया। उन्होंने लोगों को छोटा, परंतु अग्नि की ज्वाला सा 'करो या मरो' का महामंत्र दिया। गांधीजी की योजनानुसार यह आखिरी और निर्णायक लड़ाई थी। हजारों लोग इस लड़ाई में जुड़े थे, हजारों पकड़े गए, सैकड़ों मारे गए। इस परिस्थिति में युवक वकील साहब का दिल दुखे तो इसमें आश्चर्य क्या!

चारों ओर का वातावरण इसी प्रकार क्षुब्ध था। परंतु दूसरी ओर सन् १९४० में पूज्य डॉक्टर साहब का देहावसान हुआ तो एक और मुसीबत का पहाड़ टूट पड़ा। परंतु स्वतंत्रता नजदीक आ रही है, उनकी यह भविष्यवाणी सच होने को थी। उससे भी अधिक अंग्रेजों की शठ नीति से वे परिचित थे कि जाते-जाते भी वे देश का विभाजन किए बिना नहीं रहेंगे। परंतु डॉक्टर साहब तो इसकी कल्पना तक को सहन नहीं कर सकते थे, इसीलिए जितना शीघ्र हो सके, शहरों में तीन और गाँवों में एक प्रतिशत के प्रमाण में शीघ्रातिशीघ्र तरुण स्वयंसेवकों की शक्ति खड़ी करने का आह्वान किया था। वकील साहब एवं उनके समीपस्थ संघ कार्यकर्ताओं के हृदयों में डॉक्टर साहब की यह चेतावनी घर कर गई थी। डॉक्टर साहब के बाद उनके स्थान पर आए पूज्य गुरुजी ने संघ कार्य के शीघ्र विकास हेतु राष्ट्र भर में तूफानी प्रवास प्रारंभ कर दिए।

वकील साहब के मन में पूज्य डॉक्टर साहब के समक्ष ली गई प्रतिज्ञा के शब्द गूँजने लगे—'हिंदू धर्म, हिंदू समाज और हिंदू संस्कृति की रक्षा कर हिंदू राष्ट्र स्वतंत्र करने के लिए मैं राष्ट्रीय स्वयंसेवक संघ का अंग बना हूँ।'

इस प्रतिज्ञा का अर्थ क्या है? यह उन्होंने पूज्य डॉक्टर साहब के जीवन में देखा था। संघ कार्य के लिए अपना गाँव छोड़कर अन्य प्रांतों में गए। कुछ सम्माननीय कार्यकर्ताओं की पंक्ति उनकी नजर के समक्ष खड़ी रही। श्री वसंतराव दिल्ली गए थे। श्री राजाभाऊ पातुरकर लाहौर, श्री भाऊराव देवरस कानपुर, श्री दादाराव परमार्थ मद्रास, श्री गोपालराव वेरकुंठवर आंध्र और बालासाहब देवरस बंगाल गए थे। स्वयं वकील साहब के संघ मित्रों में से गोपाल भाई गुर्जर शिक्षा पूर्ण कर सन् १९४० में अमदाबाद आ गए थे। अन्य दो लोग श्री मनोहर खड़के और त्रिबंक राव चिटनिस सन् १९४२ के नागपुर संघ शिक्षावर्ग से सीधे ही प्रचारक के रूप में निकल गए थे। गुजरात में स्व. बागराव भिड़े उस समय महाराष्ट्र के प्रांत प्रचारक थे। उन्होंने संघ कार्य के विस्तार हेतु 'प्रांत स्वयंसेवक' योजना बनाई, जिसमें संघ योजनानुसार कहा जाए तो उस प्रांत में कम-से-कम एक वर्ष प्रचारक के रूप में काम करने की योजना थी। इससे चारों ओर पूरा वातावरण संघमय हो गया था। प्रचारक निकलने की मानो स्पर्धा चल रही थी। वहीं वकील साहब अपने आपको

कहाँ रोक सकते थे? वे भी संघ की योजनानुसार सन् १९४३ में गुजरात में 'नवसारी' आ पहुँचे।

स्वर्णिम अध्याय का श्रीगणेश

संघ में सुंदर गीत हैं। 'शपथ लेना तो सरल है, पर निभाना ही कठिन है'—यह वाक्य एक प्रचारक के लिए, एक कार्यकर्ता के लिए कार्य का पूर्ण तत्त्व-चिंतन है। प्रतिज्ञा लेना कितना सरल है, परंतु उसको निभाने के लिए जो त्याग है, बलिदान है, समर्पण है, वह कितना कठिन है! परंतु कठिनता और वकील साहब के बीच तो चोली-दामन का संबंध बचपन से ही था; अत: उनके लिए कुछ नया नहीं था। जीवन के कार्यों की पुस्तक का एक पन्ना ही तो बदला था, जो कि उसके बाद के घटनाक्रम को ध्यान में रखते हुए ऐसा कहना पड़ेगा कि गुजरात के इतिहास में भी एक नए अध्याय को स्वर्णाक्षरों से लिखा जाए। उस अध्याय का प्रारंभ हो चुका था।

वकील साहब कुशल संगठनकर्ता थे। सतारा और पूना में प्रत्यक्ष संघ कार्य का अनुभव तो था ही, जिसने 'सोने पे सुहागा' का काम किया। नवसारी क्षेत्र नया था। प्रारंभ में आई भाषा की कठिनाई भी धीरे-धीरे दूर हुई। नवसारी शहर और तहसील में शाखाएँ बढ़ने लगीं।

परंतु थोड़े ही समय बाद वहाँ एक करुण घटना घटी। नवसारी के पास सोनवाड़ी स्थित महादेव मंदिर में बाल तरुण स्वयंसेवकों की एक पिकनिक गई। जिसमें बीस-पच्चीस स्वयंसेवक थे। मंदिर के पास से अंबिका नदी बहती है। सभी स्वयंसेवक अपने आपको रोक न पाए और नहाने के लिए नदी में कूद पड़े। बाल स्वयंसेवक स्नान पूरा कर बाहर आ गए हैं, यह सोचकर वकील साहब मंदिर की ओर निकल गए; परंतु दो तरुण स्वयंसेवक—लक्ष्मण नांदुरकर और मंगू खत्री पीछे नदी में ही नहा रहे थे। और जो होना था, वह होकर रहा। मंगू खत्री पानी के बहाव की ओर खिंचता गया। उसने लक्ष्मण को आवाज लगाई, आवाज सुनकर लक्ष्मण मंगू की ओर बढ़ा और उसे हाथ दिया। दुर्भाग्य से दोनों में से किसीको भी तैरना नहीं आता था और ऐसी स्थिति में डूबनेवाला बचानेवाले को भी साथ ले डूबता है। मंगू ने लक्ष्मण का हाथ जोर से पकड़ रखा था, अत: दोनों पानी के बहाव में खिंचे

चले गए। मंगू अधिक पानी पी गया था और उसने जल-समाधि ले ली। इस बात का पता चलते ही वकील साहब ने आव देखा न ताव और नदी में कूद पड़े। मंगू को ढूँढ़कर बाहर ले आए। मंगू के पेट से पानी निकालने का प्रयास किया, थोड़े साँस आए भी, परंतु यह तो एक सांत्वना थी।

लक्ष्मण को ढूँढ़ने के लिए वकील साहब ने करीब एक घंटे तक प्रयास किया। पास से कुछ मछुआरे भी सहायता के लिए आए। डेढ़ घंटे के लंबे प्रयास के बाद लक्ष्मण की लाश हाथ लगी। डेढ़ घंटे तक पानी में डूबे रहने के कारण बचने की कोई उम्मीद तो थी ही नहीं। दोनों की मृत देह नवसारी लाई गईं और अंतिम संस्कार किया गया।

वकील साहब के मन में अफसोस काँटे की तरह चुभता रहा कि उन्हें बचा न पाया। उनके बदले मैं ही डूब गया होता तो कितना अच्छा होता! मृत स्वयंसेवकों के परिवार अब भी खूब आक्रोश और आवेश में थे। मुँह में जो भी शब्द आए, वकील साहब को सुनाने लगे। वकील साहब शांतचित्त सब सुनते रहे। स्व. लक्ष्मण की माँ को ढाढ़स बँधाते हुए अद्‌भुत शब्दों में उन्होंने कहा, 'भाभी (वे उन्हें भाभी कहते थे), तुम्हारा एक लक्ष्मण गया, परंतु मैं तुम्हारा लक्ष्मण ही हूँ।' स्व. लक्ष्मण के भाई ने 'सेतुबंध' के लिए भिजवाए संस्मरण में यह लिखा है—'मेरी माताजी जब तक जीवित थीं तब तक वकील साहब ने इस वचन का पालन किया। वह जहाँ पर भी हों, उस ओर प्रवास पर आते तो माँ को मिले बिना नहीं जाते थे।'

'संघ कार्य ईश्वरीय कार्य है' ऐसा कहा जाता है; परंतु कभी-कभी ईश्वर भी भक्तों की कठोर परीक्षा लेता है। गुजरात की धरती पर पाँव रखते ही वकील साहब के लिए यह प्रसंग वास्तव में कठोर परीक्षा की घड़ी सिद्ध हुआ। दुर्भाग्य से इस अरसे में ऐसी ही करुण दुर्घटना राजकोट में घट गई। जहाँ एक साथ तीन स्वयंसेवक आजी नदी में डूब गए थे। 'साँच को आँच नहीं' कहने के लिए यह सत्य है; परंतु ऐसी घटनाओं के बाद दोनों स्थानों पर काम में विपरीत प्रभाव हुआ। काम तो बढ़ता ही रहा, बढ़ता ही गया, जिसके पीछे गुर्जर भूमि की संस्कारी संतानों का श्रेय था।

इन घटनाओं को शांत हुए साल या डेढ़ साल बीता होगा कि सन् १९४५ में वकील साहब के पिताजी का अचानक देहांत हो जाने का समाचार

आया। नियति का यह एक और कुठाराघात था। उनके सामने फिर प्रश्नचिन्ह आ खड़ा हुआ। भूतकाल का पूरा चित्र पुन: नजर के समक्ष आ खड़ा हुआ। वकील होकर परिवार की सहायता करना, परिवार का बोझ उठाना, पिताजी की पहली इच्छा व अपेक्षा भी पूरी न कर सके। वे प्रचारक होकर निकल पड़े थे। इससे पिताजी क्रोधित तो थे ही, उससे भी विशेष आक्रोश यह था कि इनामदार का बेटा होकर अन्य प्रांतों में घर-घर रोटियाँ खाता फिरता है। हालाँकि वे यह भी जानते थे कि प्रचारक के भोजन की व्यवस्था कार्यालय या अन्य किसी भी रूप में हो सकती है, फिर भी स्वयंसेवकों के परिवारों में दबाववश उनका भोजन अधिकांशत: स्वयंसेवकों के यहाँ ही होता था। परंतु लक्ष्मणराव के पिताजी एवं उनके परिवारजनों को यह अवधारणा समझ पाना कठिन था।

वकील साहब पितृ-हृदय के इस भाव को समझ सकते थे। उन्हें एक दूसरा प्रसंग याद आया, जो प्रचारक के रूप में गुजरात में आने की बात से संबंधित है। संघ शिक्षा वर्ग पूरा होते ही वे पहली बार पंद्रह दिन के लिए घर लौटे। लौटते समय वे पिताजी के पास आशीर्वाद लेने गए। उस समय तो पिताजी ने कोई माँग न की, परंतु शांत स्वर में अपने सुपुत्र से कहा, 'तुम प्रचारक के रूप में घर-बार छोड़कर गए, उससे एक तरह से पूरे परिवार की अपेक्षाएँ खंडित हुईं, यह तो सही है; परंतु जो हुआ सो हुआ, विचार करके जो कदम उठाया है उससे पीछे मत लौटना, अब इतना तो अवश्य करना।'

ऐसे उदार पिता के लिए वकील साहब को गर्व होना स्वाभाविक ही था। उनकी मृत्यु का समाचार पाते ही वे अधिकारियों की अनुमति लेकर सतारा गए। माँ और छोटे भाइयों को ढाढ़स बँधाया, विधिवत् सभी धार्मिक क्रियाएँ पूर्ण कीं। परिवार की, खेतीबाड़ी की व्यवस्था कर वकालत की जो सनद लेनी बाकी थी, वह ली। यह सब करने में लगभग छह मास का समय बीत गया। घर से सभी की आज्ञा लेकर और घर की व्यवस्था ठीक कर वापस लौट आए। इस बार उनका कार्यक्षेत्र नवसारी से बदल गया था और जामनगर में उनकी नियुक्ति हुई।

□

बीज का विस्तार

संघ कार्य की विशेषता है—'तत्त्व अनुरूप जीवन व्यवहार करना तथा क्षमतावान् मनुष्य का निर्माण करना।' संघ के प्रयत्न में व्यक्ति निर्माण की प्रक्रिया केंद्रित है। जिसके लिए शाखा नामक तंत्र पूर्णतः सफल हुआ और आज शाखा राष्ट्र भर में प्रसिद्ध है। न केवल सामान्य लोगों में अपितु अध्ययनशील लोगों के लिए भी शाखा एक आकर्षण का विषय है; परंतु इसके आरंभ काल में, लोग जब इससे अपरिचित थे, उस समय वकील साहब गुजरात की धरती पर संघ विकास हेतु आए थे।

वकील साहब नवसारी आए। उसके कुछ ही वर्ष पूर्व सन् १९३८ में एक छोटी सी शाखा से संघ कार्य का प्रारंभ हुआ। कार्य सन् १९४४ तक तो लगभग पच्चीस से तीस बड़े नगरों तक पहुँच गया था। स्वतंत्रता संग्राम के उन दिनों में युवा हृदयों में संघ शाखा विशेष आकर्षण का केंद्र थी। प्रांत प्रचारक मधुकरराव भागवतजी के मार्गदर्शन में संघ कार्य दिन दूनी रात चौगुनी प्रगति कर रहा था। वकील साहब सहित आए तरुण प्रचारकों की प्रथम टुकड़ी महाराष्ट्र से गुजरात आई थी। मातृभूमि के कल्याण के लिए प्रतिज्ञाबद्ध इन तरुण प्रचारकों के पुरुषार्थ से संघ कार्य आधे से अधिक जिलों में पहुँचने लगा था। गुजरात में सौराष्ट्र, कच्छ सभी स्थानों पर संघ का विस्तार होने लगा। बढ़ते हुए कार्य को करने के लिए प्रचारक नई-नई जिम्मेदारियाँ सँभालने लगे। गुजरात की युवा पीढ़ी को भी संघ कार्य की धुन लगी थी। वकील साहब उनके प्रेरणास्रोत थे, जिन्होंने उनमें राष्ट्र कार्य के

लिए समर्पित होने के बीज बोए थे। आठ वर्ष के संक्षिप्त समय में पैंतालीस स्वयंसेवक मातृभूमि के कल्याण हेतु समर्पित जीवन पथ पर प्रचारक के रूप में चल पड़े। गुजरात के दो सौ गाँवों में नित्य शाखाओं द्वारा राष्ट्र भक्ति के संस्कार सिंचन की प्रक्रिया ने गति पकड़ी।

सन् १९४७ में गुजरात और सौराष्ट्र के स्वयंसेवकों के दो शिविरों का आयोजन हुआ। इन शिविरों में चार हजार पूर्ण गणवेशधारी स्वयंसेवकों ने भाग लिया। गुजरात में संघ कार्य इतनी गति से बढ़ रहा था कि सन् १९४३, १९४५, १९४६ और १९४७ में एक-एक मास के संघ शिविरों का आयोजन हुआ था। इन वर्षों में सिंध, मालवा, मध्य भारत और पंजाब प्रांत के स्वयंसेवक शिक्षा लेने आए थे। सन् १९४७ से पूर्व गुजरात में भी संघ कार्य निर्विरोध आगे बढ़ रहा था और प्रसिद्धि भी मिल रही थी; परंतु महात्मा गांधी की हत्या के पश्चात् संघ कांग्रेस सरकार की प्रपंच नीतियों का शिकार हो गया। एक तरह से संघ के लिए कठिन काल का आरंभ हुआ।

कसौटी कालखंड

प्रतिबंध के बाद अस्सी के दशक के प्रारंभ काल तक संघ पर इस राजनीतिक विद्वेषपूर्ण नीति का प्रतिकूल असर पड़ता रहा। प्रतिबंध के बाद संघ कार्य पुनः खड़ा करना था। वकील साहब के पास संपूर्ण सौराष्ट्र की जिम्मेदारी थी। अग्नि परीक्षा से कुंदन की तरह तपकर तेजस्वी बनकर बाहर आए स्वयंसेवकों के जोश में कोई कमी न आई थी। उसकी गति बेशक धीमी थी, परंतु संघ कार्य आगे बढ़ा। भागवतजी के बाद थोड़े समय के लिए श्री राजपाल पुरीजी प्रांत प्रचारक बने। सन् १९५२ में युवा वकील साहब ने संघ कार्य की बागडोर सँभाली। संकट काल से अभी-अभी बाहर आए संघ कार्य का विस्तार आसान न था। विकट आर्थिक विडंबनाओं के कारण अनेक प्रचारकों को अपने-अपने व्यवसायों में वापस जाना पड़ा। प्रचारकों की संख्या घटकर केवल बीस पर आ गई। स्वतंत्रता के बाद तो सबकुछ हो गया था, अपनी सरकार आ गई, इस तरह का जनमानस बन गया था। और इस कुंठित विचारधारा में संघ कार्य बढ़ाना लोहे के चने चबाने के बराबर था। युवा वकील साहब ने इस कार्य में अपनी सूझ-बूझ और धैर्य का परिचय

दिया। उनके इसी गुण के कारण संघ कार्य पर कोई आँच न आई। केवल तीन-चार साल के अंतराल में डेढ़ सौ स्थानों पर संघ शाखाएँ पूर्ववत् प्रारंभ हो गईं। प्रतिवर्ष संघ शिक्षा वर्गों में लगभग डेढ़ से दो सौ की संख्या में तरुण स्वयंसेवक उत्साहपूर्वक भाग लेने लगे। श्रद्धा और विश्वास से भरे हुए कार्यकर्ता दिनोदिन बढ़ने लगे और यह संख्या निरंतर बढ़ती ही गई। प्रचारकों की संख्या भी बढ़ने लगी।

बीज प्रस्फुटित हुए

साठ के दशक में स्वयंसेवकों के प्रयत्न से गौ-रक्षा अभियान और श्री गुरुजी सत्कार समारोहों को काफी सफलता मिली। वकील साहब के शब्दों में—'उन दिनों की दो घटनाओं ने स्वयंसेवकों के आत्मविश्वास को खूब बढ़ाया था।' छोटे-बड़े शिविर प्रशिक्षण वर्गों की पंक्तियों के बीच वकील साहब जुड़े रहते थे। आठ वर्ष के अथक पुरुषार्थ ने आशाजनक चित्र निर्मित किया। विद्यार्थी विस्तारक योजना का उनका एक दृष्टिकोण सराहनीय बना। युवक संघ की योजनानुसार पढ़ने के लिए नए-नए स्थानों पर गए और कार्य का विस्तार बढ़ाया। चीनी आक्रमण के बाद सन् १९६२ में हुए प्रांतीय शिविर में एक हजार दो सौ तरुण स्वयंसेवकों ने भाग लिया और सन् १९६८ के शिविर में यह संख्या बढ़कर एक हजार सात सौ तक पहुँच गई। अब तक संघ का कार्य माणिक चौक (अमदाबाद) तीसरी मंजिल पर बने छोटे से कमरे से संचालित होता था। यह जर्जरित मकान ही वकील साहब की साधना का केंद्र था। बढ़ते हुए कार्य के अनुरूप स्थान के लिए सबके आग्रह पर अमदाबाद में प्रांतीय कार्यालय का निर्माण भी हुआ। शाखाओं की संख्या बढ़कर दो सौ तक पहुँची। शाखा से निर्मित स्वयंसेवक समाज में अब उच्च पदों पर थे। पूरे प्रांत के कार्य का बोझ अकेले वकील साहब वहन कर रहे थे; परंतु अब उन्होंने कुछ चुने हुए कार्यकर्ताओं की प्रांत स्तर पर एक टीम बनाई। जिसमें राजकोट के मा. प्राणलाल दोशीजी ने प्रांत संघचालक का पदभार सँभाला। श्री रतीभाई शाह, श्री विनायक राव वणीकर, श्री प्रवीण भाई मणीयार आदि कार्यकर्ता प्रांत कार्य को गति देने के लिए भिन्न-भिन्न जिम्मेदारियाँ निभाने लगे। संघ के कार्यकर्ता की सफलता का आधार, वह

कितना काम कर सकता है उसपर निर्भर नहीं, वरन् वह कितने कार्यकर्ताओं का निर्माण कर सकता है, यही उसका मापदंड है। वकील साहब की कार्यशैली इस दृष्टि से पूर्णतः सफल थी। सन् १९७३ में क्षेत्र प्रचारक की जिम्मेदारी आई, तब शाखा की संख्या दो सौ पचास थी, तीस प्रचारक निकले थे। प्रत्येक जिले में स्वयं प्रेरणा से जिम्मेदारीपूर्वक काम करनेवाले कार्यकर्ताओं की एक शृंखला खड़ी थी। प्रांत प्रचारक के रूप में श्री केशव रावजी देशमुख वकील साहब के प्रत्यक्ष मार्गदर्शन में कार्य को आगे बढ़ा रहे थे। सन् १९७४ में गुजरात में सार्वजनिक मूल्यों के लिए संघर्ष हुआ। जो नैतिकता एवं मूल्यों की बात करते थे, वे आजादी के बाद एकचक्रीय शासन चलाने लगे थे। उन्होंने इन मूल्यों को ताक में रखकर भ्रष्ट आचरण की तमाम सीमाएँ तोड़ दी थीं। उनके इस भ्रष्ट आचरण के विरुद्ध जन संघर्ष हुआ। आज तक संघ को बदनाम करने का एक भी अवसर न छोड़नेवाले इन सियारों को जनता पहचान गई थी। परोक्ष रूप से प्रजा के इस संघर्ष में विचारशील नागरिकों के लिए अनेक प्रश्न खड़े किए। इस परिस्थिति ने प्रजा को अन्य मार्ग ढूँढ़ने के लिए प्रेरित किया। स्वाभाविक रूप से ही प्रजा की दृष्टि बिनराजकीय (अराजनीतिक) शक्तियों की ओर गई। उन दिनों में संघ ही एकमात्र आशा की किरण बनकर आया। अब संघ के विकास के अवसर उज्ज्वल बने ही थे कि सिर पर आपातकाल आ खड़ा हुआ। इस कठोर कसौटी में संघ पार उतरा; इतना ही नहीं, उसे अधिक सम्मान भी मिला और अस्सी के दशक में तो चार सौ पचास शाखाओं को भी पार कर गया। विद्यार्थी विस्तार एवं प्रचार में भी साठ कार्यकर्ताओं की टीम दिन-रात शाखा द्वारा व्यक्ति निर्माण के कार्य में पूर्णतः डूब चुकी थी। दिनोदिन संघ कार्य का विकास होता गया। वर्षों के अकल्प्य धैर्य का अब परिणाम दिखाई देने लगा। 'यह तो ईश्वरीय कार्य है' ऐसा कहकर अटल श्रद्धा के साथ वकील साहब आगे बढ़ते ही रहे—और आखिरकार उनकी उपस्थिति में पाँच हजार स्वयंसेवकों का एक विशाल शिविर अमदाबाद में संपन्न हुआ। जिस कार्य के लिए वकील साहब ने निरंतर स्व को पीस डाला था, उसकी सुगंध किन-किन स्थानों पर फैली है, उसका वह एक अविस्मरणीय प्रतीक है।

□

संघ योगी की साधना

वकील साहब के अनवरत कार्यशील, प्रेरक, प्रभावशाली तथा प्रसन्नचित्त व्यक्तित्व को देखकर उनके संपर्क में आनेवाले लोगों को लगता कि उन्होंने कोई विशेष सिद्धि प्राप्त की होगी।

वकील साहब नित्य व्यायाम, ध्यान, प्राणायाम, गीता-पाठ एवं सप्ताह में एक दिन उपवास आदि के विषय में खूब नियमित थे। आध्यात्मिक साधना द्वारा कोई लोकोत्तर सिद्धि प्राप्त हो, ऐसी कोई बात न थी। इस दिशा में उन्होंने कोई प्रयास भी नहीं किया था। निम्नलिखित दो संस्मरणों से यह बात स्पष्ट हो जाएगी।

मोरवी के प्रभुदास मेहता द्वारा भेजे गए संस्मरण में वे लिखते हैं कि 'वकील साहब की 'ध्यान' में रुचि थी। व्यक्तिगत आध्यात्मिक साधना के लिए विपश्यना के शिविर में प्रवेश लेने की भी उनकी इच्छा थी; परंतु पूर्णकाल संघ कार्य की जिम्मेदारी के कारण इस शिविर में नियमित उपस्थिति दे पाना संभव न था। इसलिए उन्होंने अमदाबाद के प्रांतीय कार्यालय में विपश्यना साधना के सात अध्यायों का अध्ययन किया।'

वकील साहब हैदराबाद से प्रभुदास मेहता को लिखे पत्र में, इस संबंध में इस बात का उल्लेख करते हुए लिखते हैं कि 'मेरी पूज्य भाभीजी ८ से १८ जून तक के वर्ग में इगतपुरी हो आईं, बहुत ही प्रभावित हुई हैं। उनके दैनिक कार्यक्रम में विपश्यना का कार्यक्रम चलता है। उनके साथ बातचीत एवं व्यवहार पर एक बात ध्यान में आती है कि इस-साधना से मन की शांति

प्राप्त करने में अधिक लाभ मिलता है। आपके पत्र तथा उनके अनुभव से यदि अनुभव लेते हुए अनुकूलता हुई तो आप जिस वर्ग में उपस्थित रहने की व्यवस्था करेंगे उसमें उपस्थित रहने की इच्छा है; परंतु पहले से कुछ नहीं कहा जा सकता। आखिरी समय में भी अनुकूलता दिखाई देगी तो वर्ग में प्रवेश ले लूँगा। हालाँकि इस तरह मित्रता का लाभ ले लेना कितना उचित होगा? इस विषय में दुविधा अवश्य है। शिविर के नियमों में मेरे लिए नियमों में ढिलाई हो, यह मैं नहीं चाहता। यदि प्रभु की इच्छा हुई तो शिविर के नियमों का पालन करते हुए भविष्य में भाग लूँगा।'

परंतु मेहता ने लिखा है कि अमदाबाद संघ कार्यालय में विपश्यना साधना का अध्ययन करने का उल्लेख एक भी पत्र में नहीं है, उनकी डायरी में भी नहीं है।

विपश्यना के संदर्भ में राजकोट के श्री वसंतभाई खोखाणी ने भी एक संस्मरण भिजवाया है। वह संस्मरण वकील साहब की इस विषय के संदर्भ में उनकी मनोभूमिका का एक महत्त्वपूर्ण हिस्सा पेश करता है। श्री वसंतभाई लिखते हैं— 'जीवन के अंतिम चार-पाँच वर्षों में वकील साहब की आध्यात्मिक जिज्ञासा अधिक तीव्र हो गई थी। तत्त्वज्ञान एवं साधना की भिन्न-भिन्न श्रेणियों एवं पद्धतियों का वे अध्ययन करते थे। मेरी भी इस विषय में विशेष अभिरुचि के कारण हमारी मुलाकातों में आखिरी क्षणों में इस विषय पर चर्चा अवश्य होती। मुझसे उन्होंने विपश्यना शिविर की जानकारी एवं साहित्य प्राप्त किया। एक बार शिविर में प्रत्यक्ष सहभागी होने की इच्छा भी व्यक्त की और हमने आयोजन भी किया। वकील साहब की इस विषय में रुचि होने से अधिक आनंद आएगा और उनके स्वास्थ्य को भी इस साधना से अधिक लाभ होगा—ऐसी इच्छा थी; परंतु जब प्रत्यक्ष जाने का कार्यक्रम तय हुआ तब उन्होंने शिविर में न पहुँच पाने की अपनी असमर्थता जताई। उस समय की चर्चा का सारांश यह था कि वे संघ के पूर्ण समय के प्रचारक हैं, जीवन का प्रतिक्षण संघ को समर्पित है। जीवन की संपूर्ण सार्थकता का एक ही साधन है—संघ कार्य। ऐसा आदर्श अनेक स्वयंसेवकों के सम्मुख उन्होंने रखा कि संघ कार्य के अतिरिक्त साधना का जीवन में कोई स्थान नहीं रह जाता, विपश्यना साधना से अधिक महत्त्वपूर्ण संघ कार्य ही जीवनव्रत है,

जीवन निष्ठा है और उनकी निष्ठा के सामने हम नतमस्तक हो जाते हैं।'

वकील साहब अवश्य ही किसी विशेष प्रकार की आध्यात्मिक साधना करते हैं—इस मान्यता के पीछे कारण भी दृष्टिगत होते हैं—उनके एक सप्ताह में एक दिन एक बार भोजन, नवरात्रि के नौ दिन निर्जला उपवास और विशेषत: सूर्यास्त के बाद भोजन में कुछ भी न लेने का उनका कठोर नियम। परंतु इस विषय में वस्तुस्थिति क्या थी, क्या यह सब किसी आध्यात्मिक साधना का अंगरूप था, यह स्पष्टत: सामने नहीं आया। वास्तविकता यह थी कि गुजरात राज्य के जनजीवन पर जैन धर्म और आचरण का गहरा प्रभाव है। एक प्रचारक के रूप में जिस स्थान पर कार्य करना है उस स्थान के वातावरण के साथ एकाकार होना आवश्यक है। आंबूलकर जैसे प्रचारकों के भी उदाहरण हमारे सामने हैं।

डिगो न अपने प्रण से

वकील साहब जैसे पुरुषों के लोकोत्तर कृती के सामने हम कई बार दूसरे रूप में भी विचार करते हैं। हम ऐसा मानते हैं कि किसी पूर्वजन्म के संस्कार या तपस्या के कारण ऐसी पुण्य आत्माएँ इस प्रकार की ऊँचाई को छू सकती हैं और इसीलिए वे वंदनीय पुरुष हो जाते हैं। जिनकी ऊँचाई को छू पाना हम जैसे सामान्य लोगों के लिए संभव नहीं।

डिगो न अपने प्रण से तो फिर
सबकुछ पा सकते हो प्यारे,
तुम भी ऊँचे बन सकते हो
छू सकते हो नभ के तारे।

पूजनीय सर संघचालक मा. बाला साहब देवरसजी ने स्व. वकील साहब को श्रद्धांजलि देते हुए इस संदर्भ में जो विचार प्रस्तुत किए, वे वकील साहब के लोकोत्तर गुण विशेषों के रहस्य को समझ लेने के लिए पर्याप्त हैं। उन्होंने कहा था कि 'कुछ थोड़े गुण उनमें अंगभूत होंगे जो कि जन्म के साथ वे लाए होंगे। परंतु बाकी के इतने सारे गुण हमें उनमें देखने को मिलते हैं, वे तो उन्होंने स्व प्रयत्न से ही प्राप्त किए होंगे। क्योंकि जो व्यक्ति कार्य करते-

करते आत्मनिरीक्षण भी करता है, वह अपने में कौन से गुण हैं, कौन सी कमियाँ हैं, दोष हैं—ध्यान में रखता है। स्वाभाविक रूप से गुणों का विकास हो और द्वेष धीरे-धीरे दूर हों, इस दिशा में उसका प्रयास प्रारंभ होता है और इस प्रकार कार्य के साथ ही निरंतर आत्मनिरीक्षण होने से वह श्रेष्ठ कोटि का कार्यकर्ता बन जाता है। किसी सुप्रसिद्ध कवि, लेखक या वक्ता की प्रशंसा करते समय अंग्रेजी में कहा जाता है कि 'He was a Born Jenius.' अब इस पंक्ति में कुछ अंश तक तो सत्य है बाकी only 10% Inspiration and 90% Pespiration. यह वस्तुस्थिति होती है। अलौकिक गुण विशेष तो किसी भी मनुष्य को प्रयत्नपूर्वक ही प्राप्त करने होते हैं।

'हममें कोई कमी हो अथवा अपने हाथों कोई भूल हुई हो तो उसे स्वीकार करने की साधारण मनुष्य के मन की तैयारी नहीं होती। कभी दूसरे के साथ किए गए व्यवहार में हमारे हाथों कोई भूल हो जाती है, जिससे उसे बुरा लगता है और दुःख भी होता है। ऐसी परिस्थिति में भूल को स्वीकार करना और आगे ऐसी भूल नहीं होनी चाहिए—ऐसा सोचकर मनुष्य यदि आगे चलता है तो उससे उसे बहुत कुछ सीखने को मिल सकता है।

'इस तरह कार्य के साथ-साथ अपने आचार-विचार में क्या सही था, क्या गलत! इस दृष्टि से निरंतर आत्मनिरीक्षण करते-करते कैसे असामान्य कार्यकर्ता की कक्षा तक पहुँचा जा सकता है, उसका एक आदर्श स्वरूप स्व. वकील साहब का व्यक्तित्व हमारे सामने है।'

संघ कार्य में निरंतर आत्मनिरीक्षण पर इतना बल क्यों दिया जाता है, इसके पीछे एक भूमिका है। संघ कार्य व्यक्ति निर्माण का कार्य है और संस्कारों द्वारा समाज के अंगों का निर्माण करना संघ की कार्यप्रणाली है। इस निर्माण के लिए संघ की कार्यपद्धति उपदेशात्मक नहीं बल्कि आचरण शैली की है। संस्कार निर्मिति या गुण विकास का उपक्रम व्याख्यान, प्रवचन या उपदेश द्वारा नहीं, अपितु जिन गुणों का सर्जन करना है उनका प्रत्यक्ष आचरण द्वारा ही विकास करना होगा। और इसीलिए संघ के कार्यकर्ता को निरंतर आत्मनिरीक्षण कर अपने आचार-विचार के विषय में सतर्क रहना होता है।

संघ की कार्यपद्धति का यह सूत्र ध्यान में रखकर, अपने सिर पर संघ द्वारा दी गई जिम्मेदारी को पूर्ण करने की अधिकाधिक योग्यता के लिए

वकील साहब के मन में जो निरंतर आत्मनिरीक्षण चलता था, जो मंथन चलता था, उसका दृष्टिकोण कैसा होगा? अपनी दैनंदिनी में एक स्थान पर कुछ अंशों में इसे स्पष्ट करते हुए वे लिखते हैं—

'There are as many forms of struggle as there are ways of living...the highest struggle is the creative struggle. It does not involve any necessary clash of wills. For it is a struggle not so much 'against' something as 'towards' something.'

स्वाभाविक रूप से संघ कार्य की जिम्मेदारी जिनके सिर पर है अथवा जिन्होंने स्वीकार की है उनके लिए अलिखित रूप में भी कुछ विधि निषेध होते हैं। व्यक्तिगत एवं राष्ट्रचरित्र के पोषक ऐसे गुण, संस्कार या व्यवहार प्रयत्नपूर्वक अपनाना, जीवन में उतारना विधि का एक हिस्सा है, तो दूसरी ओर इस विचार के बाधक ऐसे विचार या व्यवहार को टालना निषेध का हिस्सा है।

साधक के लिए विधि निषेध

इस विधि निषेध की मनोवैज्ञानिक एवं व्यावहारिक विशद् भूमिका वकील साहब ने अपनी दैनंदिनी में लिखी है। वे लिखते हैं कि जो व्यक्ति अपनी उन्नति करना चाहता है उसके लिए निग्रह शक्ति एवं मानसिक दृढ़ता की विशेष आवश्यकता होती है। मन को इंद्रियों के पीछे दौड़ाने की मनुष्य की प्रवृत्ति होती है। मन की इस प्रवृत्ति पर अंकुश रख उसे योग्य दिशा में मोड़ने की शक्ति अर्थात् संयम शक्ति की आवश्यकता होती है। इस संयम शक्ति के विकास के लिए निश्चयी बनना आवश्यक होता है। इस निश्चय को टिकाए रखने के लिए कुछ नियमों को स्वीकार करना पड़ता है, जिन्हें 'व्रत' कहा जाता है।

नियम दो प्रकार के होते हैं। पहले प्रकार के नियम में अमुक विषय निषिद्ध होते हैं, जैसेकि दूसरे मनुष्य के अवगुणों की बार-बार चर्चा न करना, तामसिक या अति भोजन न करना आदि। अहिंसा, अस्तेय आदि व्रतों का समावेश भी इसी प्रकार में होता है। नियमों के दूसरे प्रकार में अमुक कर्मों को नित्य-नियमित करने का आग्रह होता है। जिसमें कर्तव्य और

पुरुषार्थ पर विशेष बल दिया जाता है। जैसे नित्य शाखा में जाना, व्यायाम करना, अच्छी पुस्तकें पढ़ना, प्रभु स्मरण और चिंतन करना आदि। श्रेयार्थी व्यक्ति को इन दोनों प्रकार के नियमों का पालन कर अपनी शक्ति का विकास करना होता है। वकील साहब की दैनंदिनी में एक स्थान पर शंकराचार्यजी एवं 'गीता' के निम्न चार श्लोक देखने को मिलते हैं—

जितं जगत् केन, मनो हि येन।

—*शंकराचार्य*

असंशयं महाबाहो मनो दुर्निग्रहं चलम्।
अभ्यासेन तु कौन्तेय वैराग्येण च गृह्यते॥

—*गीता, ३५/६*

नात्यश्रतस्तु योगोऽस्ति न चैकान्त मनश्रतः।
न चाति स्वप्नशीलस्य जाग्रतो नैव चार्जुन॥

—*गीता १६/६*

मुकताहार विहारस्य युकतचेष्टस्य कर्मसु।
मुक्त स्वप्रावबोधस्य योगो भवति दुःखहा॥

—*गीता १७/६*

उलझे हुए मन को वश में रखकर उसे योग्य मार्ग पर मोड़ने के लिए कार्यकर्ता को किस दिशा में अहर्निश प्रयत्नशील रहने की आवश्यकता होती है, उसका दिग्दर्शन करती यह चतुःसूत्री है, ऐसा कह सकते हैं। कार्यकर्ता को तो जाग्रत् रहकर मन के साथ निरंतर संघर्ष करना पड़ता है। संत तुकाराम ने अपने एक अभंग में कहा है कि 'रात्रंदिन आम्हा युद्धाचा प्रसंग' (हमारी तो अहर्निश लड़ाई चलती ही रहती है), उसके पीछे उद्‌देश्य भी यही है। वकील साहब को भी इस संघर्ष से गुजरना पड़ा है, जो कि उनकी दैनंदिनी में निम्नलिखित अमुक अंशों में देखा जा सकता है—

२१ सितंबर, १९५५—मन जहाँ तक काबू में नहीं वहाँ तक उसे शत्रु मानकर चलना चाहिए। मन प्रारंभ में तो बहुत भटकता है, लालच देता है; हालाँकि मन शक्तिशाली है, फिर भी साहस नहीं छोड़ना चाहिए और यदि हिम्मत नहीं हारेंगे तो अपनी विजय निश्चित है। इसमें एक विशेषता है, जो हिम्मत से लड़ाई करता है उसे प्रतिदिन बल प्राप्त होता है और मन की

बाधक शक्ति कम होती है।

१४ जनवरी, १९५५ (मकर संक्रांति)—नियम में व्यतिक्रम नहीं करना चाहिए, बेशक नियम छोटा ही क्यों न हो (उसका नियमित रूप से पालन करना चाहिए जोकि महान् नियमों से भी साधक को अधिक सहाय रूप होते हैं। मन तो कुसंगत पर चलनेवाले बालक जैसा है, जहाँ तक कुसंगत रहेगा वहाँ तक उसके सुधरने की आशा नहीं और जब तक मन में खराब विचार आएँगे तब तक मन को अंकुश में रखना कठिन है। अतः उसे नित्य-नियमित रूप से अच्छे कार्यों में, ईश्वर चिंतन में जोड़कर खराब विचारों से बचाना आवश्यक है)।

२० दिसंबर, १९५५—आज पढ़ना नहीं हुआ और दोपहर को इच्छा विरुद्ध सोना भी हुआ। यह ठीक नहीं हुआ। नियम लेने के पश्चात् उसका टूटना अर्थात् नियम की संकल्पना में कमी है और उसे दूर करना ही होगा।

७ दिसंबर, १९५५—व्यायाम हुआ, ६७ सूर्य नमस्कार किए, उसमें भी बस ऐसा ही शरीर स्वास्थ्य तो चाहिए, परंतु मेहनत नहीं करनी। व्यायाम में अरुचि रहती है, यह स्वभाव प्रगति के लिए ठीक नहीं, जो तय किया उसके अनुसार व्यवहार करने की ओर लक्ष्य होना चाहिए, तभी निश्चयी स्वभाव निर्माण होता है। अगले सोमवार से 'गीता' का कार्यक्रम तय किया है, जिसे पूरा करना ही होगा अन्यथा उपवास करने पड़ेंगे।

१८ फरवरी, १९६५—आज ६.३० बजे उठा, कोई विशेष काम न था, परंतु अकारण देर से क्यों उठा जाए! नींद उड़ गई हो, फिर भी निष्कारण पड़े रहना यह भी एक तरह से प्रमाद ही कहलाएगा। दूसरे उठें या न उठें, हम क्यों सोए रहें! हम क्यों न उठें—ऐसा विचार आया।

१० दिसंबर, १९७८—आज 'गीता जयंती' है। आज से फिर एक हजार जप करने का शुभ संकल्प करता हूँ एवं आज से 'महिमास्त्रोत' कंठस्थ करना प्रारंभ करता हूँ। जनवरी में मिलूँगा, उससे पूर्व यह संकल्प पूरा हुआ होगा।

११ दिसंबर, १९७८—संकल्प किया, परंतु बाद में उस विषय में आगे विशेष आग्रह नहीं रखा। संकल्प के पीछे विशेष उच्च उद्देश्य न होने से निश्चय रहा नहीं। किसी भी संकल्प के पीछे कारण जितना महत्त्वपूर्ण

एवं महान् होगा उतने ही प्रमाण में संकल्प पूर्ण करने के लिए आग्रह दृढ़ रहता है।

८ अप्रैल, १९८०—सत् संकल्प मनुष्य को योग्य दिशा में ले जाता है। सुबह एक संकल्प किया। व्यायाम आसन विषयक जो नियम मैंने किया है, वह अब टूटेगा नहीं।

जो स्वयं करता है वही दूसरे को प्रभावी रूप से कह सकता है।

१५ दिसंबर, १९५५—आज के बौद्धिक वर्ग के लिए विशेष तैयारी नहीं की थी। मुझे कोई विशेष संतोष भी नहीं हुआ। अब रोज कुछ-न-कुछ लिखने का विचार किया है और पूर्व तैयारी किए बिना बौद्धिक वर्ग नहीं लेना।

२३ फरवरी, १९५९—आज शाखा पर बौद्धिक वर्ग हुआ। बौद्धिक वर्ग में वही-के-वही पुराने उदाहरण दिए। अब नए उदाहरण निकालने पड़ेंगे, जिसके लिए नित्य पढ़ना होगा।

७ जून, १९७८—आज मंगलवार उपवास का दिन। सुबह नाश्ता करते समय याद था, भोजन के लिए जाते समय क्यों ध्यान न रहा! आश्चर्य हुआ, पिछले तीस वर्षों में मंगलवार का उपवास आज टूटा। भोजन पर बैठा पहला कौर लिया और ध्यान आया—अरे, आज तो उपवास है।

एक बार अमदाबाद में पूज्य गुरुजी के साथ भोजन पर बैठा और ध्यान आया कि मंगलवार है। एक बार गुरुवार का व्रत टूटा था। बस, ये दो प्रसंग हैं, परंतु आज तो प्रत्यक्ष उपवास टूटा। क्या माना जाए?

२५ दिसंबर, १९८०—श्री···भाई के साथ बात करने की पद्धति मेरे योग्य न थी, ठीक करूँगा।

१२ फरवरी, १९६८—सुबह से कार्यालय पर हूँ, पत्र का उत्तर लिख दिया। हालाँकि तीन-तीन बार लिखा। मुझे ऐसा लगा कि वो सत्य है, फिर भी अर्धसत्य है। वे मेरी सही प्रतिक्रिया जानना चाहते थे और मैंने तो अलग ही मोड़ दे दिया। मुझे ऐसा लगता है कि पत्र प्रभावशाली नहीं रहेगा। इससे तो मेरा पहला पत्र ही ठीक था।

६ दिसंबर, १९७८ (मुंबई)—आज बातचीत में पत्र की बात की; परंतु वह सही न थी। मुझे भी ऐसा लगता है कि अकारण एक बार भी गलत

कहा जाए तो मनुष्य को उसकी आदत पड़ जाती है। कभी अच्छे काम के लिए भी आवश्यक गलत बोल लिया जाए तो उससे भी मन पर खराब प्रभाव पड़ता है।

संस्था के हित के लिए गलत काम करनेवाले व्यक्ति को जीवन में फिर अपने लिए भी गलत करने में संकोच नहीं होता। आज मुझे लगता है कि मैंने बहुत बड़ी भूल की। किसीका विश्वास खो बैठूँ, वह सबसे अधिक हानिकारक है।

शिवो भूत्वा शिवं यजेत्

प्रचारक जीवन से पूर्व वकील साहब के जीवन का निर्माण किस प्रकार हुआ। अपने जीवन को विशेष मोड़ देने के लिए उन्होंने कितना मनोमंथन किया, कैसे प्रयास किए, उसका कुछ अंश हमने देखा है; परंतु यह साधना वहीं रुक नहीं जाती, जीवन कार्य की दिशा तय होने के बाद भी साधना ध्यानपूर्वक प्रारंभ से अंत तक अनवरत चलती ही रही। यह उनकी दैनंदिनी की उपर्युक्त कुछ दिनांकों में हम देख सकते हैं। यह अखंड सावधानी और साधना हमारे ध्यान से बाहर नहीं जानी चाहिए। जीवन में कई बार ऐसा होता है, संगमरमर की कोई सुरेख मूर्ति हम देखते हैं, तब एक प्रकार का सात्त्विक आनंद का अनुभव करते हैं, अभिभूत हो जाते हैं; परंतु मूर्ति के उस सुंदर स्वरूप को साकार करते समय, मूर्ति के अंगों को सुयोग्य और सुंदर बनाने में उन पत्थरों के अनुपयोगी हिस्से को निकाल डालने के लिए शिल्पी ने हथौड़ी लेकर कितना संघर्ष किया होगा, कितनी तन्मयता से, धैर्य से और सावधानी भरी तपस्या की होगी, यह हम शायद ही जानते हैं। वकील साहब हमारे सामने एक श्रेष्ठ आदर्श के रूप में तो खड़े रहे ही, परंतु उसमें संघ के विचारों की कार्यपद्धति और संघ के ज्येष्ठ अधिकारियों के सहवास एवं मार्गदर्शन का जो योगदान रहा है, उसे भी नकारा नहीं जा सकता। साथ ही इसमें दो मत नहीं कि वकील साहब आत्मनिरीक्षण एवं कर्तव्य कठोरता से स्वयं अपने शिल्पकार बने। केवल पत्र-पुष्प चढ़ाकर तथा आरती उतारकर ही इति कर्तव्यता न मानते हुए उन्होंने 'शिवो भूत्वा शिवं यजेत्' का व्रत लिया।

□

दीप से दीप जलाओ

संघ कार्य में किसी भी कार्यकर्ता का मूल्यांकन उसमें निहित व्यक्तिगत गुणों पर आधारित होता है, उसपर आधारित नहीं। प्रत्येक स्वयंसेवक को यत्नपूर्वक अपना विकास करना चाहिए। जहाँ तक उन गुणों के उपयोग का प्रश्न है, वह अन्य स्वयंसेवकों के निर्माण हेतु एवं संघ कार्य की वृद्धि के लिए कितना होता है, वही उसका निर्णायक अंग होता है। इसीलिए जो कार्यकर्ता अपने-अपने विचार और वाणी से अधिकाधिक कुशल एवं संघ के लिए समर्पित कार्यकर्ताओं की पंक्ति खड़ी कर दे, वही आदर्श कार्यकर्ता कहलाता है। विगत साठ वर्षों में संघ कार्य देश के कोने-कोने में पहुँचा है, खिला है और जनमानस पर पूर्ण रूप से प्रभावी हुआ है। यह उपलब्धि संघ की विशिष्ट कार्यपद्धति की है। जिससे प्रभावित होकर सहस्रावधि कार्यकर्ताओं ने सबकुछ त्याग दिया। माननीय बाला साहब देवरसजी सरसंघचालक हुए, तब उन्होंने अपने भाषण में कहा था, 'पूज्य डॉ. हेडगेवारजी ने संघ की स्थापना की और केवल पंद्रह वर्ष में संघ की मजबूत नींव रखी। उसके पश्चात् परम पूज्य गुरुजी ने तीस वर्षों तक अथक प्रयत्न कर संघ कार्य को देश के कोने-कोने तक पहुँचाया, अब यह जिम्मेदारी मुझपर आ पड़ी है। वे दोनों श्रेष्ठ लोकोत्तर पुरुष थे। उनकी तुलना में मैं बहुत छोटा हूँ, यह मैं जानता हूँ, फिर भी यह जिम्मेदारी मैं पूरी कर पाऊँगा इसका मुझे पूरा भरोसा है। यह मैं किस आधार पर कह रहा हूँ? इसलिए कह रहा हूँ कि आज अपने संघ में देवदुर्लभ टीम खड़ी है। अच्छे कार्यकर्ताओं की इतनी बड़ी टीम हो, फिर भी यदि संघ कार्य

यशस्वी न हो तो मैं कहूँगा कि दुनिया में कोई भी कार्य यशस्वी नहीं हो सकता।' पूज्य बाला साहब जिन देवदुर्लभ कार्यकर्ताओं की बात कर रहे थे, उनमें स्वाभाविक तौर पर गुजरात के भी अनेक कार्यकर्ताओं का समावेश है और इन कार्यकर्ताओं के निर्माण का श्रेय यदि किसी एक व्यक्ति को दिया जा सकता है तो वह केवल माननीय वकील साहब को देना पड़ेगा। इस वस्तुस्थिति को संघ के अंदर एवं बाहर सभी को स्वीकार करना पड़ेगा।

माननीय वकील साहब यह पंक्ति किस प्रकार खड़ी कर पाए? प्रचारक के रूप में इनका अत्यंत आदर्श व्यवहार महत्त्वपूर्ण तो है ही, परंतु इसके पीछे अन्य दो प्रमुख बातें भी हैं—एक तो यह कि उनकी इस विषय के लिए मानसिक तैयारी और दूसरी उनकी असामान्य संगठन कुशलता। राजकोट के संघ शिक्षा वर्ग के अपने अंतिम उद्‌बोधन में उन्होंने मनोभूमिका स्पष्ट करते हुए कहा था, 'विश्वास रखिए, प्रत्येक व्यक्ति के अंतःकरण में ईश्वर बसता है। प्रत्येक व्यक्ति संस्कारक्षम है। अच्छे संस्कार कभी व्यर्थ नहीं जाते, इस भावना से हम कार्य करने लगें तो प्रत्येक में हमें कोई-न-कोई गुण दिखाई देगा। उस गुण के हम पुजारी बनेंगे। उस व्यक्ति को लगेगा कि अरे, मुझमें कोई गुण है और उसकी कोई पूजा करता है तो वह व्यक्ति जैसा कहेगा, मैं वैसा ही करूँगा।'

कार्यकर्ता का निर्माण

केवल सूत्र मंत्र जान लेने या कह देने से काम नहीं हो जाता। सभी स्वयंसेवकों का स्वभाव एक सा नहीं होता, परिस्थिति समान नहीं होती, समाज समान नहीं होता। ऐसी भिन्न परिस्थिति के, भिन्न स्वभाव के, भिन्न-भिन्न कार्यक्षमताओं के कार्यकर्ताओं को विश्वास में लेकर उस कार्यकर्ता को उसके अनुकूल कार्य देना चाहिए। उस कार्य को वह कार्यकर्ता अधिकाधिक ठीक ढंग से करता रहे, जिसमें उसका विकास हो, उसका आत्मविश्वास बढ़े, कार्यकर्ताओं में परस्पर सामंजस्य बढ़े, सद्‌भाव बढ़े और परिणामस्वरूप कार्य की दृष्टि से उत्तरोत्तर उसका विकास हो, यह अत्यंत कठिन कार्य है। जिसके लिए कार्यकर्ता के प्रति पूरा विश्वास, उसकी मनःस्थिति और साथ-साथ वह जिस परिस्थिति में काम कर रहा है, उसके सामने जो समस्याएँ हैं,

उनकी संपूर्ण जानकारी आवश्यक है।

नागपुर के 'तरुण भारत' ने वकील साहब को श्रद्धांजलि अर्पण करते हुए लिखा—'उस समय के परिचय-धागे उन्होंने अपने शांत, सात्त्विक एवं श्रेय युक्त स्वभाव से अधिकाधिक दृढ़ बनाए हैं। उनके इस स्वभाव के कारण ही वे अपने स्वजन हैं, आत्मजन हैं, ऐसा सभी छोटे-बेड़े स्वयंसेवकों को लगता है और इसीलिए अपनी किसी भी प्रकार की उलझनें, चाहे वह व्यक्तिगत हों या पारिवारिक, अथवा संघ कार्य के संबंध में हों, वकील साहब को निस्संकोच कह सकता था। कार्यकर्ता जिस परिस्थिति में खड़ा होता, उसे सहानुभूतिपूर्वक समझ लेना और उनकी परिस्थिति ठीक-ठीक समझकर 'जो योग्य होगा वही मार्गदर्शन मिलेगा' ऐसा विश्वास कार्यकर्ताओं में पैदा करना, यह वकील साहब का मानो सहज स्वभाव था। प्रथम प्रांत प्रचारक के रूप में और फिर क्षेत्र प्रचारक के अखिल भारतीय व्यवस्था प्रमुख के रूप में काम करते समय वे कार्यकर्ताओं के और कार्य के अनेक उलझन भरे प्रश्न सहज रूप से हल करते थे।

प्रत्येक व्यक्ति की ओर देखने की हमारी दृष्टि गुणग्राही होनी चाहिए और इस भूमिका में हमारा उसके साथ व्यवहार होना चाहिए। कार्यकर्ताओं में कमियाँ ढूँढ़कर यदि घटाते ही रहेंगे तो अंत में 'मैं अकेला ही अच्छा हूँ' ऐसी स्थिति रह जाएगी उसकी संख्या। इस विचार और आचार का सूत्र वकील साहब हमारे लिए रखकर गए हैं। इस विषय के अनुसंधान में अपनी दैनंदिनी में एक स्थान पर वे लिखते हैं, 'कोयले को घिसते क्यों हो, उसे जलाओ और फिर देखो वह कितना काम देता है।'

वास्तव में वकील साहब का जीवन अपने आप में एक उदाहरण है। इस दृष्टि से उनकी दैनंदिनी के कुछ अंश देखे जा सकते हैं। जैसे एक स्थान पर वे लिखते हैं, '…भाई का गाँव में सिक्का है, परंतु प्रभाव खराब है, बात-बात में गालियाँ निकालता है, मेरे साथ भी झूठ बोलता है।' और इतना कहकर वकील साहब आगे लिखते हैं, 'परंतु आदमी है काम का।'

एक स्वयंसेवक के विषय में स्वयं वकील साहब ने जो विचार और विश्लेषण लिखा है, वह प्रस्तुत विषय के स्पष्टीकरण का एक उत्कृष्ट उदाहरण है। अमेरिका में रहनेवाले एक कार्यकर्ता को भेजे पत्र में वकील साहब

लिखते हैं, 'साधना में श्रीराम जोशी के देहावसान पर माननीय विनायकराव वणीकरजी ने एक लेख लिखा है। मुझे लगता है, श्रीराम जोशी ध्यान में आए होंगे, वे विचित्र एवं धुनी हैं, ऐसा उनके साथ के सभी स्वयंसेवकों की धारणा थी, जो गोवा सत्याग्रह में गए थे। वैसे तो किसी कार्यकुशल संघ कार्यकर्ता को कोई विचार योजना मिले, ऐसा न था, फिर भी विनायकरावजी ने जो लिखा है, वह सही है—स्वयंसेवक के निर्माण में अधिकारियों का आदर्श, आचार-विचार के अतिरिक्त व्यक्तिगत बातचीत, प्रासंगिक बैठकें एवं समय-समय पर होनेवाले बौद्धिक वर्गों का महत्त्वपूर्ण योगदान होता है। ऐसी बातचीत, बैठकों एवं बौद्धिक वर्गों में विषय स्पष्ट करते समय वकील साहब दैनिक व्यवहार के कुछ उदाहरण देते थे, जिससे वह विषय सुननेवाले पर सहज ही प्रभाव कर जाता था। इस संदर्भ में कुछ उदाहरण देखने योग्य हैं—एक कार्यकर्ता को अपने साप्ताहिक के संपादक की जिम्मेदारी देने की वकील साहब की योजना थी। वह कार्यकर्ता वैसे कुशल था, परंतु संपादकीय क्षेत्र का उसे बिलकुल अनुभव नहीं था। इसीलिए वह यह जिम्मेदारी लेने को तैयार न था। उसने वकील साहब के सामने अपनी यह कठिनाई प्रस्तुत की। वकील साहब का विश्वास था कि थोड़े अनुभव के बाद वह यह कार्य सँभाल लेगा। इसीलिए उन्होंने उससे कहा, 'तुम्हारी बात ठीक है, मैं मानता हूँ; परंतु इस स्थान पर किसीको नियुक्त करना आवश्यक है। किसी भी नए क्षेत्र में प्रवेश करते समय प्रारंभ में कठिनाई तो रहेगी ही। थोड़े दिन अनुभव लेकर तो देखो, बजी तो बाँसुरी, नहीं तो बाँस है ही।' और फिर हास्य में आगे कहा, 'हमारे यहाँ गुजरात में गुजराती या मारवाड़ी व्यापारी अपने पुत्र को अनुभव हेतु दूसरी पेढ़ी पर रखते हैं। उनके यहाँ सीखकर कुशल हुआ तो लाभ अपना ही होगा और नुकसान हुआ तो दूसरों का। तुम भी ऐसा ही समझो और काम शुरू कर दो।' वकील साहब के सूत्र को शिरोधार्य मान उस स्वयंसेवक ने जिम्मेदारी स्वीकार कर ली। आज वह एक अच्छे संपादक के रूप में जाना जाता है।

वकील साहब बैठक में

यह एक बैठक का प्रसंग है। बैठक तृतीय वर्ष शिक्षित स्वयंसेवकों की

थी। मकर संक्रांति का अवसर था। आए हुए स्वयंसेवकों में से कुछ प्रत्यक्ष कार्य में थे। जबकि अधिकतर, जो पहले कुशल कार्यकर्ता थे, एक बार बहुत काम करते, परंतु आज नित्य कार्य में निष्क्रिय जैसे थे। वे सभी कार्य में फिर से जुट जाएँ—इस दृष्टि से यह बैठक बुलाई गई थी।

विषय रखते हुए वकील साहब ने सुंदर उदाहरण दिया। उन्होंने कहा, 'मकर संक्रांति के समय हम पतंग उड़ाते हैं, उसमें काटा-काटी चलती है। कहीं पतंग पकड़ने के लिए सभी छोटे-बड़े दौड़ पड़ते हैं, बड़ी उम्र के लोग भी इसमें पीछे नहीं रहते, क्या उन बड़े लोगों को पतंग की कमी रहती है? चाहें तो पचास नए पतंग खरीद सकते हैं, फिर भी वह पतंग के पीछे दौड़ते हैं, क्यों? कारण इतना ही कि वह पतंग इतनी ऊँची चढ़ी होती है, इतनी ऊँचाई पर वह हवा में टिकी रहती है, धांगा बाँधकर फिर से उसे उड़ाया जाए तो निश्चय ही फिर से ऊँची उड़ती जाएगी।'

ऐसा ही एक दूसरा उदाहरण स्वयंसेवकों की एक अन्य बैठक में 'वातावरण' विषय पर था। शाखा में उचित वातावरण हो तो नए-पुराने सभी उत्साह में आकर बहुत काम कर जाते हैं। इसे स्पष्ट करते हुए उन्होंने उदाहरण दिया—'हम अकेले खाना खाने बैठें तो जितनी भूख लगी हो उतना ही खाकर उठ जाते हैं। यदि बराबर के दस-बारह लोग साथ में बैठे हों तो किसी आग्रह के बिना भी रोज से अधिक खा जाते हैं। यह हमारा हमेशा का अनुभव है। संघ कार्य में भी वातावरण का यह असर पड़ता है।'

कार्यकर्ताओं के साथ व्यवहार में वकील साहब की एक विशेषता थी कि स्वयं अन्य कार्यकर्ताओं से कुछ विशिष्ट हैं—ऐसा अहंकार उनके व्यवहार में तो दूर, मन में भी नहीं था। किसी भी प्रश्न पर योग्य रूप से विचार करने का मेरा ही एकाधिकार है, मुझे अन्य कार्यकर्ताओं को मार्गदर्शन देना है, उनका काम उस मार्गदर्शन का अनुसरण करना है—ऐसे अहंभाव ने उनके मन को स्पर्श तक नहीं किया था। इसीलिए बैठक या चर्चा में किसी प्रश्न का विचार करते समय प्रारंभ में केवल विषय रखकर कार्यकर्ताओं को ही उनके विचार प्रस्तुत करने के लिए कहते थे। कार्यकर्ता अपने अनुचर या अनुयायी नहीं, अपितु सहकार्य कर रहे हैं, उनमें भी अपनी तरह की सोचने व कार्य करने की शक्ति है—ऐसा समभाव प्रत्येक कार्यकर्ता के प्रति उनके हृदय में

हमेशा रहता था। इसीलिए कार्यकर्ता खुले मन से अपने विचार उनके समक्ष रखते थे। यदि किसी चर्चा में उस विषय के कुछ पहलू छूट गए हों तो उस ओर वकील साहब ध्यान केंद्रित करते; परंतु इस प्रस्तुति के समय भी उनका कोई पूर्वग्रह नहीं रहता था। किसी भी प्रश्न का निष्कर्ष उनके मन में पहले से ही तय होता था और उसे कार्यकर्ताओं पर थोपने की उनकी प्रवृत्ति न थी। यदि चर्चा के समय कोई भी कार्यकर्ता संबंधित विषय के बारे में वकील साहब का ध्यान केंद्रित करता, जो चर्चा से बाहर रह गया हो, तो वे बड़े सरल भाव एवं उदार मन से कह देते, 'अरे, मुझे इस बात का पता ही नहीं था। मेरे ध्यान में यह विषय आया ही नहीं था।'

वकील साहब के ऐसे निरहंकारी एवं निस्स्वार्थ व्यवहार के कारण कार्यकर्ताओं के मन में उनके प्रति आदर बढ़ता ही जाता था और साथ-साथ कार्यकर्ता की अस्मिता का भी विकास होकर उसे उस विषय में व्यापक दृष्टि प्राप्त होती थी।

स्वयंसेवक के निर्माण में ऐसे वातावरण की होनेवाली चर्चा अत्यंत महत्त्वपूर्ण सिद्ध होती है। यह सत्य है कि ऐसे तात्त्विक चर्चा से उद्भूत तत्त्वों और आदर्शों को स्वयंसेवक प्रत्यक्ष जीवन में अमल करना चाहता है। जब अनेक तरह की व्यावहारिक समस्याएँ खड़ी होतीं तब स्वयंसेवक वकील साहब के पास सलाह एवं मार्गदर्शन के लिए पहुँच जाते थे। आज की भाषा में कहा जाए तो वकील साहब उनके लिए दार्शनिक तथा गाइड थे। वह व्यक्ति उस संस्था का दार्शनिक एवं गाइड है। परंतु वास्तविकता में दोनों का एक साथ होना सरल नहीं; क्योंकि दार्शनिक का संबंध सिद्धांत के साथ होता है और गाइड को व्यवहार का विचार करना होता है। दार्शनिक एवं गाइड को दोनों पहलू सँभालने होते हैं। पूज्य पांडुरंग शास्त्री आठवलेजी ने भगवान् श्रीकृष्ण की विशेषता पर प्रकाश डालते हुए लिखा है कि 'जो तत्त्व ज्ञान में श्रेष्ठ होता है वह व्यवहार कुशलता में निपुण नहीं होता और जो व्यवहार कुशलता में श्रेष्ठ होता है वह तत्त्व ज्ञान में कमजोर होता है। सामान्यत: ऐसा ही हमें देखने को मिलता है। भगवान् श्रीकृष्ण की विशेषता रही है कि वे तत्त्वज्ञान और व्यवहार दोनों में श्रेष्ठ थे।' कार्यकर्ता सलाह लेने आते, तब वकील साहब के सामने भी समस्या खड़ी होती⋯। संघ कार्य के विषय में

सिद्धांतों में किसी प्रकार का विकल्प संभव न था; परंतु कार्यकर्ताओं का निर्माण एक विकासशील अखंड प्रक्रिया होने के कारण कार्यकर्ता के स्तर एवं उसकी परिस्थिति का विचार कर व्यवहार भी करना पड़ता है। ऐसे विविध प्रसंगों में वकील साहब ने जो मार्गदर्शन दिया है उससे सिद्धांत और व्यवहार का समन्वय जोड़ने की उनकी अद्‌भुत शक्ति का परिचय मिलता है। 'सेतुबंध' के कार्यकर्ताओं द्वारा भेजे गए संस्मरणों में वकील साहब के इस दृष्टिकोण का बड़ी सहजता से दर्शन होता है। कुछ संस्मरण यहाँ प्रस्तुत किए जा रहे हैं।

अमदाबाद के प्राध्यापक दामुभाई पंचासरा अपने स्वानुभव से लिखते हैं कि 'सन् १९६८ का साल था। मैं यूनिवर्सिटी में नौकरी करता था। संघ कार्य के लिए अधिक समय मिले, इसलिए अध्यापक की नौकरी प्राप्त करने के प्रयत्न में अधिक अभ्यास कर शैक्षणिक कैरियर बनाने के लिए भी प्रयत्नशील था। सन् १९६७-६८ में गुजरात विद्यापीठ में सोसल एंथ्रोपोलॉजी विषय लेकर एम.ए. की परीक्षा में प्रथम श्रेणी में उत्तीर्ण हुआ। विद्यापीठ में ही यह विषय पढ़ाया जाता था, जिससे नौकरी के लिए अर्जी दी और विद्यापीठ में ही अध्यापक के लिए नियुक्त भी हुआ। अनेक कार्यकर्ता जिस तरह वकील साहब के पास जीवन के उलझे प्रश्नों पर सलाह एवं मार्गदर्शन लेते थे उसी तरह मैं भी इस नई नौकरी को स्वीकार करूँ या नहीं, इस संबंध में मार्गदर्शन लेने उनके पास गया। मेरी बात सुनने के बाद वह तुरंत बोले, 'संघ कार्य के लिए अधिक समय दिया जा सके, इसलिए आप शिक्षक बनना चाहते हैं, यह बहुत अच्छी योजना है; परंतु संघ कार्य इस विद्यापीठ के वातावरण में रहकर आप नहीं कर पाएँगे। शीघ्रता में त्याग-पत्र न देते हुए विचारकर देखें...।'

इस सलाह से थोड़ी देर के लिए तो मैं उलझन में पड़ गया, क्योंकि जिस विषय में मैं एम.ए. हुआ था, वह विषय विद्यापीठ के अतिरिक्त और कहीं नहीं पढ़ाया जाता था। यदि वकील साहब की सलाह मानूँ तो दो वर्ष में किए गए अभ्यास के तप का परिणाम छोड़ना पड़ रहा था और पुरानी नौकरी में ही बेमन रहना पड़ेगा। वकील साहब की सलाह में अवश्य कोई गहरा रहस्य होगा, ऐसी श्रद्धा भी थी। इसलिए अंतिम निर्णय लेने में थोड़ा समय जाने देना ही उचित समझा। ऐसे में ही मुझे पता चला कि विद्यापीठ की मेरी नियुक्ति रोक

दी गई है। क्योंकि विद्यापीठ में एक बेनामी अर्जी आई थी, जिसमें लिखा था—'मैं आर.एस.एस. का कार्यकर्ता हूँ, इसलिए ऐसी संस्था के कार्यकर्ताओं को विद्यापीठ में नौकरी नहीं देनी चाहिए।' विद्यापीठ के अधिकारी ने इस संदर्भ में मुझे प्रत्यक्ष बुलाकर अर्जी पढ़ने के लिए दी थी। अर्जी देनेवाले व्यक्ति के अपने कुछ निजी स्वार्थ होंगे, यह समझने में मुझे देर न लगी; परंतु इसी क्षण वकील साहब की सलाह कितनी दूरदर्शितावाली और परिस्थिति का सच्चा मूल्यांकन करनेवाली थी, यह भी समझ में आ गया।

विद्यापीठ में जाने के दरवाजे तो बंद हो गए, परंतु 'संघ कार्य के लिए शिक्षक बनने की योजना बहुत अच्छी है।' वकील साहब की इस सलाह ने मन पर अंकुश कर लिया। निराशा दूर कर दूसरे विषय में गुजरात यूनिवर्सिटी से एम.ए. उत्तीर्ण करने के बाद कॉलेज अध्यापक बन सका।

कार्यकर्ता के जीवन में व्यवसाय के अतिरिक्त अन्य अनेक प्रकार के निर्णायक प्रश्न भी आते हैं। विवाह भी इसी तरह का एक प्रश्न है। ऐसा होता है कि कार्यकर्ता की अंतरात्मा अविवाहित रहकर पूर्ण जीवन संघ कार्य के लिए समर्पित होने को तत्पर रहती है तथा दूसरी ओर परिवार के बड़े लोगों की सोचने की पद्धति को लेकर अथवा परिवार की विशिष्ट परिस्थिति के कारण गृहस्थ जीवन स्वीकारने की अनिवार्यता सामने आकर खड़ी होती है। यह दुविधा उसे अस्वस्थ कर देती है। ऐसी परिस्थिति में अनेक कार्यकर्ता वकील साहब के पास आते और वे उन्हें योग्य सलाह देते। निम्नलिखित संस्मरण इस प्रश्न के विविध पहलुओं को और अधिक स्पष्ट करें—

प्रथम संस्मरण धौलका के श्री कांतिलाल कापड़िया का है। वे लिखते हैं, 'सन् १९५१ में संघ शिक्षा वर्ग लॉ कॉलेज, अमदाबाद में था। उस समय मैं पूरा मास संघ शिक्षा वर्ग में था। मैं गया तो था शिक्षक के रूप में, परंतु वर्ग में मुझे व्यवस्था विभाग, पानी विभाग, साग-भाजी इत्यादि लाना ऐसे अन्य कार्य दिए गए।

'संघ शिक्षा वर्ग में एक दिन ऐसा हुआ कि वकील साहब के पास धौलका से मेरे लिए फोन आया। उन्होंने फोन सुना और कहा कि कांतिभाई को बता दूँगा। बाद में मुझे बुलाया और कहा कि 'भावनगर से डॉ. अंधारिया आपके रिश्ते के लिए आए हैं और आपका इंतजार कर रहे हैं।' मैंने कहा,

‘उनसे कह दीजिए, वर्ग से आ सकूँ, ऐसा संभव नहीं है। वर्ग पूरा होने के बाद आऊँगा और मिलूँगा।’ यह सुनकर माननीय वकील साहब हँसे और मुझसे कहा, ‘तुम्हें धौलका जाकर आना है।’ मैंने कहा, ‘मैं नहीं जाऊँगा।’ तब उन्होंने कहा, ‘संघ के अधिकारी का कहा मानोगे या नहीं?’ मैंने कहा, ‘मानूँगा।’ तब उन्होंने कहा, ‘तुम्हें अभी जाना है।’ पिता आज्ञा करे और पुत्र को मानना पड़े, ऐसी परिस्थिति आ खड़ी हुई। मैं धौलका जाकर दूसरे दिन वापस पहुँचा। आते ही तुरंत उन्होंने पूछा, ‘क्या हुआ?’ मैंने उनसे कहा कि ‘वर्ग पूर्ण कर भावनगर आकर मिलूँगा।’ इससे माननीय वकील साहब खुश हुए और कहा कि ‘तुम्हें शादी भी करनी है और ध्यान रखना कि धौलका में स्थिर होना है।’’

दूसरा संस्मरण अमदाबाद के धीरजभाई सोलंकी का है। वे लिखते हैं, ‘सन् १९६६ के नड़ियाद संघ शिक्षा वर्ग का मैं द्वितीय वर्ष का शिक्षार्थी था। शिक्षा वर्ग की बैठकों एवं बौद्धिक वर्गों में भाग लेते-लेते मन-ही-मन संकल्प किया कि शिक्षा वर्ग पूर्ण होने के बाद घर वापस न लौटते हुए सीधे विस्तारक के रूप में थोड़े वर्ष निकालूँगा। माननीय वकील साहब वर्ग में ही थे। वर्ग को सोलह या सत्रह दिन बीते होंगे। वहीं पर घर से पत्र आया कि तुम्हारी सगाई गोंडर में हो गई है। यह पत्र श्री वकील साहब के हाथ में आया। पत्र पढ़कर उन्होंने मुझे अपने कक्ष में बुलाया। पत्र पढ़कर मैं रो पड़ा। थोड़ी देर उन्होंने मुझे रोने दिया, फिर अपनी हास्य शैली में मुझसे पूछा, ‘अरे, पेड़े खिलाने के बदले रोता क्यों है?’ मैंने बताया कि ‘मुझे प्रचारक के रूप में जाना है।’ माननीय वकील साहब मेरे पिताजी एवं परिवार से परिचित थे। उन्होंने मुझे ढाढ़स बँधाते हुए कहा, ‘अरे, क्या प्रचारक निकलने से ही संघ कार्य हो सकता है। संसार की जिम्मेदारियाँ सँभालते हुए संघ कार्य करना और भी श्रेष्ठ है। उपस्थित परिस्थितियों के अनुकूल होकर जो संघ कार्य करे, वही सच्चा स्वयंसेवक है।’ इस तरह मेरे मन को शांत और स्वस्थ कर मुझे जाने की छुट्टी दी।’

नवनीत से कोमल, वज्र से कठोर

सिद्धांत और व्यवहार का समन्वय करते समय कई बार नवनीत की

तरह मृदु तो कभी कठोर भी होना पड़ता है। किसी स्वयंसेवक को उसकी पूर्ण परिस्थिति ध्यान में रखकर गृहस्थ जीवन जीने की सलाह देनी पड़ती है तो किसीको इससे दूर रहने की सलाह भी देनी पड़ती है। रस्सा काटने का सबब हम सूर्याजी से सीखें (सूर्याजी सिंहगढ़ किला जीतनेवाले तानाजी मालसुरे के छोटे भाई)। इस अमृत वचन की समावृष्टि अपने अमृत वचनों में थोड़े ही की गई है।

सुरेंद्र नगर के श्री रमेश गुप्ता द्वारा भेजा गया संस्मरण इस दृष्टि से देखने योग्य है। श्री रमेश भाई लिखते हैं—'सन् 1971 में पिताजी का देहांत हुआ। पारिवारिक कारणों से मुझे भावनगर से पालनपुर जाना था। तत्कालीन मेहसाणा विभाग प्रचारक के साथ माननीय वकील साहब घर आए थे। मैंने उन्हें बताया कि माताजी की इच्छा है कि मैं पाँच वर्ष और घर में रहूँ। इस बात को सुनकर वकील साहब ने मुझसे कहा, 'रमेश भाई, क्या वास्तव में पाँच वर्ष पालनपुर रहना पड़ेगा?' इस एक वाक्य के अतिरिक्त इस विषय में वे कुछ नहीं बोले; परंतु इस एक वाक्य द्वारा भी उन्होंने आत्मीयतापूर्वक अपने अंतःकरण की इच्छा प्रदर्शित कर दी। उनके चेहरे पर संवेदना की तीव्रता थी, परिणामस्वरूप मुझे भी आठ मास के बाद अपने कार्य क्षेत्र में जाकर पुनः कार्यरत होने की प्रेरणा मिली। उनकी तीव्र संवेदनशील प्रेरणा से मुझ जैसे असंख्य कार्यकर्ता इस राष्ट्र-यज्ञ में जुड़े होंगे।'

ऐसा ही एक अनुभव श्रीकाकुलम जिले के प्रचारक एस. लक्ष्मी नरसिंह ने भेजा है। वे लिखते हैं—'सन् १९७५ का प्रसंग है। मैं उस समय भिलाई स्टील प्लांट में स्टेनो के रूप में कार्य करता था। प्रचारक के रूप में निकलने की मेरी तीव्र इच्छा थी; परंतु इतनी अच्छी नौकरी छोड़ना बिलकुल मूर्खता है, ऐसा मेरे मित्र एवं रिश्तेदार कहते थे। इस तर्क को तो छोड़िए, 'वृद्ध माता-पिता को छोड़कर फकीरी स्वीकारने में तू जरा भी नहीं सोचता?' ऐसा प्रश्न कोई पूछता, तब मैं दुविधा में पड़ जाता। प्रवास के दौरान एक बार माननीय वकील साहब भिलाई आए, तब मैंने उनके सामने यह बात रखी। उन्होंने मेरी बात शांति से सुनी। प्रचारक के रूप में जाने का मेरा निश्चय है, यह जान लेने के बाद ऐसे प्रश्नों से जुड़े अन्य कई कार्यकर्ताओं का उदाहरण देकर अंत में उन्होंने कहा, 'भाई, बेटी शादी कर ससुराल जाती है तब

परिवार के लोगों की आँखें आँसुओं से भर जाती हैं। परिवार के सभी लोगों के लिए यह वियोग असह्य होता है, परंतु यह वियोग अनिवार्य है। सबके दिल भर आते हैं, फिर भी सभी बेटी को प्रेम से विदाई देते हैं। प्रचारक के विषय में भी तुम्हारे माता-पिता देशहित के लिए विदाई देना अनिवार्य न भी मानते हों, परंतु परिवार वियोग जिस तरह बेटी के लिए एक-न-एक दिन अपरिहार्य हो जाता है उसी तरह प्रचारक को भी परिवार से दूर जाना पड़ता है। इसलिए इसमें दुविधा रखने का कोई कारण नहीं।'

'वकील साहब ने तीन शब्दों से मेरे मन की सारी व्याकुलता शांत कर दी और मैं प्रचारक के रूप में निकल पड़ा।'

पगडंडी

संघ कार्य बढ़ाने के लिए अधिकाधिक प्रचारकों एवं विस्तारकों की आवश्यकता रहती है, यह सही है; परंतु प्रचारक एवं विस्तारक खड़े करते समय अनेक विषयों पर विचार करना पड़ता है। प्रचारक निकलते समय योग्य समझ के साथ दिया गया कार्य वे अच्छी तरह से कर सकेंगे। भविष्य में किसी समस्या के खड़े होने की संभावना कम रहती है। वकील साहब अपनी विशिष्ट पद्धति से इस बारे में भी ध्यान रखते थे। श्री मकरंद भाई करकरे ने इस संबंध में जो स्वानुभव लिखकर भेजा है, वह जानने योग्य है।

श्री मकरंद भाई लिखते हैं—'एक दिन हमारे प्रांत प्रचारक माननीय श्री मोहनजी भागवत मेरे पास आए और मुझसे कहा, 'कल लक्ष्मणरावजी बैठक लेनेवाले हैं, जिसमें आपकी उपस्थिति अपेक्षित है; तो समय पर उपस्थित रहना।'

'प्रांत प्रचारकजी की आज्ञा का अनुसरण कर मैं बैठक में गया। बैठक प्रारंभ हुई। हमेशा की तरह परिचय से कार्यक्रम प्रारंभ हुआ और तुरंत ही माननीय वकील साहब ने विषय रखा—'तुम्हारे अध्ययन का यह आखिरी वर्ष है, उसके बाद क्या विचार है?' प्रश्न सुनते ही मुझे ध्यान आ गया कि मुझे इस बैठक में क्यों बुलाया गया है?

'अभ्यास वर्ग पूर्ण कर प्रचारक के रूप में जाना है, यह विचार तो मैंने पहले से ही कर रखा था; परंतु प्रचारक के रूप में जाने के लिए अपनी

मनोभूमिका कैसी होनी चाहिए, इस विषय का विशेष ध्यान तो वकील साहब की इस बैठक में उनके द्वारा दिए गए बौद्धिक प्रश्न के बाद ही आया; जिसमें उन्होंने पूजनीय डॉक्टर साहब की एक विशेष बात ध्यान में रखी।

'संघ कार्य के विस्तारक के लिए कुछ कार्यकर्ताओं को दूर-दूर के स्थानों पर विद्यार्थी विस्तारक के रूप में भेजने की योजना प्रारंभ की थी; जिसमें एक स्वयंसेवक अंतर्भाव था। डॉक्टर साहब ने उसे भेजने का विचार किया; परंतु उस स्वयंसेवक ने रिश्तेदारों के कहने पर पुन: कॉलेज में प्रवेश ले लिया। डॉक्टर साहब को इस बात का पता चला। स्वयंसेवक उनके पास आया और कहा, 'डॉक्टर साहब मैंने पूना के कॉलेज में प्रवेश ले लिया है। अब आप मेरी व्यवस्था की दृष्टि से परिचय-पत्र लिख दें।' डॉक्टर साहब ने कहा, 'तुम अवश्य जाओ, परंतु संघ विस्तारक के रूप में नहीं, नागपुर के एक स्वयंसेवक के रूप में। इस संबंध का परिचय-पत्र मैं वहाँ के अधिकारी के नाम अवश्य लिख दूँगा। संघ की योजना से वहाँ अन्य स्वयंसेवक की नियुक्ति विस्तारक के लिए की जाएगी।' अर्थात् हम जब प्रचारक या विस्तारक के रूप में जाने के लिए तैयार हो जाएँ तब संघ जिस स्थान और क्षेत्र में भेजे, वहाँ आनंद एवं उत्साह से काम करना, यही समर्पण है। प्रचारक को कार्य संघ की योजना के अनुसार करना होता है, अपनी इच्छा या अभिरुचि के अनुसार नहीं।

'इस बैठक में आज मुझे एक नया महत्त्वपूर्ण सबक सीखने को मिला। इतना ही नहीं, वकील साहब की समझाने की पद्धति से भी नत हो उठा। बैठक से उठा, मन-ही-मन तय किया कि संघ जहाँ भेजेगा वहाँ प्रसन्नतापूर्वक जाऊँगा। फिर भी, हमें कहाँ भेजा जाएगा, यह जानने की स्वाभाविक इच्छा तो मन में थी ही। शिक्षा पूरी होने के बाद मैंने वकील साहब को इस विषय में एक-दो बार पूछा भी; परंतु हमेशा की तरह ही विनोदपूर्ण शैली में वह टाल गए। फिर मैंने इस विषय में पूछना ही छोड़ दिया। आगे चलकर एक दिन तृतीय वर्ष के वर्ग में उन्होंने मुझे बुलाया और पूछा, 'तुम्हें महाकौशल प्रांत में विलासपुर जाना अच्छा लगेगा या गुजरात में?'

'आज मुझे लगता है कि वे मेरी परीक्षा लेना चाहते थे। वास्तविकता यह है कि मेरे पिताजी की खेती विलासपुर के करीब थी,. अतः प्रचारक के

रूप में जाने का मोह मेरे मन में हो सकता है, इसीलिए उन्होंने ऐसा विचार किया हो। मेरे मन में भी एक क्षण के लिए यह विचार आया कि मुझे इसको स्वीकार करना पड़ेगा। परंतु तुरंत ही सावधान होकर मैंने उनको उत्तर दिया, 'मुझे गुजरात ही जाना अच्छा लगेगा।' वकील साहब ने यह सुनते ही कहा, 'शीघ्रता की कोई आवश्यकता नहीं, मैं दो दिन यहाँ हूँ, तब तक विचार करो और फिर मुझसे कहना।'

'वकील साहब के मन में मुझे गुजरात भेजने की योजना चल रही थी। मैंने भी गुजरात जाने की इच्छा व्यक्त की; अत: स्वाभाविक है कि उन्हें प्रसन्नता हुई। परंतु यह पूरा प्रश्न प्रारंभ से अंत तक किस प्रकार हमारे सामने रखा, यह सब सीखने जैसा है, ऐसा मुझे लगता है।'

लघुता ग्रंथि छोड़ो

कार्यकर्ताओं के विषय में कई बार एक चामत्कारिक समस्या खड़ी होती है। कार्यकर्ता के मन में संघ कार्य करने की इच्छा तो होती है, परंतु कई कारणों से वह लघुता ग्रंथि (लघु विचारों से ग्रसित) से पीड़ित होता है और जिम्मेदारी से मुक्ति पा लेने के विचार उसके मन में चलते रहते हैं। ऐसी परिस्थिति में कार्यकर्ताओं को योग्य मार्गदर्शन की आवश्यकता होती है।

एक ऐसे कार्यकर्ता, जो प्रचारक बनना चाहते थे, ने अपनी कठिनाई वकील साहब के सामने रखी और अपने शीघ्र उग्र हो जाने की बात भी बताई। वकील साहब ने उस कार्यकर्ता को अपने पास बैठाया और कहा, 'तुम्हें अपने उग्र स्वभाव का पता है, इतना ही काफी है। उसमें तुम अवश्य ही परिवर्तन ला सकोगे। जहाँ तक संघ के प्रचारक के रूप में तुम्हें भेजने का प्रश्न है, उसका विचार तुम्हें नहीं, संघ को करना है।' इतना सुनते ही उस कार्यकर्ता की दुविधा दूर हो गई।

दूसरे एक कार्यकर्ता की बात भी ऐसी ही है। वह लिखता है कि 'एक बार वकील साहब को अपनी कमजोरी बयान करते हुए जिम्मेदारी से मुक्ति पाने की इच्छा व्यक्त की। वकील साहब ने उससे कहा कि परिणाम की चिंता किए बिना निष्ठा और प्रामाणिकता से किया गया काम निरर्थक नहीं जाता, अत: निराश मत होना।'

योग्य व्यक्ति को योग्य काम दिया जाए तो उसकी शक्ति का सदुपयोग होता है। उसका तो विकास होता ही है, कार्य का लाभ भी मिलता है। जिसके लिए कार्य क्षेत्र के अभ्यास की आवश्यकता होती है। साथ-साथ कार्यकर्ता की प्रवृत्ति, उसके गुण और उसकी क्षमता का भी योग्य तालमेल होना आवश्यक है, जिसके लिए निम्नलिखित उदाहरण पर्याप्त है।

डॉक्टर मुले पूना के प्रख्यात सर्जन थे। वकील साहब का विचार था कि डॉक्टर मुले दीनदयाल शोध संस्थान की ओर से नानाजी देशमुख के मार्गदर्शन में कार्य करें; तब डॉ. मुले ने अपनी असमर्थता व्यक्त की। वकील साहब ने कहा, 'तुमसे जितना हो सके उतना करना, परंतु तुम्हारा उसमें होना आवश्यक है।' डॉ. मुले उनकी बात टाल न सके और धीरे-धीरे वह एक आदर्श केंद्र बन गया।

बिना संस्कार नहीं सहकार

श्री वसंतराव चिते कुशल चित्रकार के साथ-साथ एक कुशल व्यंग्य चित्रकार भी थे। सहकार भारती में बोधचिह्न बनानेवाले की आवश्यकता थी, जिसके लिए वसंत भाई योग्य व्यक्ति थे—ऐसा वकील साहब को लगता था। वसंतराव को पत्र में लिखा—'एक काम के लिए पत्र लिख रहा हूँ, महाराष्ट्र में सहकार भारती का कार्य ठीक-ठाक चल रहा है, परंतु गुजरात में अभी प्रारंभ हुआ है।

'सहकार क्षेत्र में अपने स्वयंसेवक काम कर रहे हैं। अपने देश में सहकार क्षेत्र का काम बहुत पहले से चल रहा है। इस क्षेत्र में काम आगे बढ़े इसी भाव से एक घोषणा वाक्य—'बिना सहकार नहीं उद्धार' का उपयोग सहकारी क्षेत्र में वर्षों से सरकारी कामकाज में प्रारंभ हो गया है। अतः इसके बोधचिह्न के रूप में दो लोगों का हाथ मिलाते हुए चित्र प्रचलित हो गया है।

'हमारें इस क्षेत्र (सहकारी क्षेत्र) में काम प्रारंभ करने के पीछे यह विचार है कि सहकार बिना उद्धार नहीं। परंतु सहकारी को व्यवहार में लाने के लिए मन की जो भूमिका होनी चाहिए, उसका अभाव दिखता है। जिससे 'सहकार—अर्थात् स्वाहाकार' की कल्पना ही व्यवहार में दिखती है।

'इसलिए सहकार भारती का काम प्रारंभ करने से पहले 'बिना सहकार

नहीं उद्धार' के बोध वाक्य के साथ-साथ 'बिना संस्कार नहीं सहकार' के बोध वाक्य का नारा है। इस बोध वाक्य की भावना सहकारी क्षेत्रों में काम करनेवाले भाइयों के व्यवहार में दिखाई देती है। सहकार भारती का भी यही काम है।

'तो जो बोधचिह्न इन दोनों घोष वाक्यों की भावना व्यक्त कर सके, जिसका उपयोग पत्रक एवं अन्य जगहों पर किया जा सके, इसकी आवश्यकता है। आप विचार करके दो-तीन चित्र तैयार कीजिए, जिसे शीघ्रातिशीघ्र निम्नलिखित पते पर भेजिएगा।'

कार्यकर्ता का ठीक तरह से निर्माण होने के बाद भी कुछ कार्यकर्ताओं के विषय में कभी एक विशेष प्रकार की समस्या खड़ी होती है। वह कार्यकर्ता त्याग में, कष्ट में, कृतित्व शक्ति में किसी तरह कम नहीं होता है; परंतु समस्त जीवन में किसी एकाध क्षेत्र के प्रति उसे विशेष रुचि होती है। फिर वह रुचि साहित्य के क्षेत्र के प्रति हो, पत्रकारिता क्षेत्र की हो या राजकीय क्षेत्र के प्रति हो, वहाँ तक तो कोई एतराज नहीं; परंतु होता यह है कि उस विशिष्ट क्षेत्र में उसे विशेष आकर्षण होने के कारण उसकी विचार शक्ति, कार्य शक्ति और समय उसी विषय में अधिक जाता है। परिणामस्वरूप दिए गए कार्य की उतने ही अनुपात में हानि होती है। यदि वह क्षेत्र राजकीय हो तो उस क्षेत्र में नेतृत्व प्राप्त करने की सुसुप्त इच्छा उसके मन में है, ऐसा भाव उसके साथियों और कार्यकर्ताओं के मन में खड़ा होता है। वह कार्यकर्ता पुराना हो और प्रभावशाली भी हो तो अन्य कार्यकर्ताओं के लिए अस्पृश्यता आ खड़ी होती है, यह हकीकत है। ऐसी परिस्थिति में उस कार्यकर्ता को सही समय पर स्पष्ट मार्गदर्शन देना आवश्यक होता है। ऐसे ही एक कार्यकर्ता को वकील साहब लिखते हैं—'अपने पत्र में तुमने कुछ हकीकतों का उल्लेख किया है। उस बारे में इतना ही कहना है कि तुम्हारे मन में पॉलिटिकल लीडरशिप की इच्छा पैदा हुई है, ऐसा मुझे लगता है; परंतु मैं एक बात के लिए तुम्हारा ध्यान केंद्रित करूँगा कि हम जिन सहकार्यकर्ताओं के साथ कार्य करते हैं उनका विचार जान लेना ही चाहिए और उनके मन पर उलटा प्रभाव न पड़े, इस तरह कार्य करना चाहिए, कार्यक्रम तय करने चाहिए, व्यवहार दक्षता रखनी चाहिए। ये सब विषय नए नहीं हैं, तुम नहीं जानते हो,

ऐसा भी नहीं है। अत: इस दृष्टि से विचार करोगे तो अस्पृश्यता की संभावना नहीं होगी।'

कार्यकर्ताओं के निर्माण में संघ की कार्यपद्धति का ध्यान अब तक उपर्युक्त विवेचन से आ सके, ऐसा है। कार्यकर्ताओं के निर्माण में गुण ग्राह्यता, धैर्य और असाधारण संगठन कुशलता की आवश्यकता होती है। पिछले चौंतीस वर्ष के कालखंड में वकील साहब इस कार्यपद्धति का अनुसरण कर कार्य करते रहे हैं। इसीलिए गुजरात में स्थान-स्थान पर कार्यकर्ता खड़े हो सके हैं, संघ कार्य कर रहे हैं, कार्य आगे बढ़ा रहे हैं और उससे नए-नए कार्यकर्ता खड़े हो रहे हैं। मोरवी की दुर्घटना, अंजार के भूकंप जैसे प्रसंगों पर संघ के कार्यकर्ताओं ने जो अभूतपूर्व सेवा की, उसे देखकर संघ और संघ के कार्यकर्ताओं की शक्ति लोगों के ध्यान में आई। जिसकी सबने मुक्त कंठ से सराहना भी की। परंतु इस तैयारी के पीछे शायद ही किसीका ध्यान गया होगा। इस तपस्या में वकील साहब का अद्‌भुत योगदान है। वकील साहब को ठीक तरह से समझना है तो उनकी इस तपस्या और संगठन कुशलता को ध्यान में लाना होगा।

□

परिव्राजक का परिवार

संघ के कार्यकर्ता को निरंतर कठोर आत्मनिरीक्षण करके अपने कार्य के अनुकूल सर्वांगीण विकास करते रहना चाहिए। जिससे संपर्क में आनेवाले नए-पुराने स्वयंसेवक भी उसका अनुसरण कर धीरे-धीरे आदर्श स्वयंसेवक बनें, कार्यकर्ता बनें—ऐसी संघ कार्यकर्ताओं से अपेक्षा होती है। परंतु संघ कार्य का लक्ष्य इतने तक सीमित नहीं है। उसका लक्ष्य तो संपूर्ण हिंदू समाज को सुसंस्कारित एवं संगठित करना है, इसलिए तो संघ के कार्यकर्ताओं को अपना और अपने संपर्क में आनेवाले पूरे समाज का विचार करना होता है। उसमें भी संघ के स्वयंसेवकों के परिवार के साथ कार्यकर्ता का, समाज का उसको अन्य अंगों की तुलना में अधिक संबंध होने से परिवार के साथ के संबंध का विशेष ध्यान रखना होता है। वकील साहब अपने और कार्यकर्ताओं के निर्माण के साथ ही परिवारों के साथ संबंधों में भी छोटे-बड़े व्यवहार से एक बहुत बड़ी विरासत छोड़ गए हैं।

पूजनीय सरसंघचालक बाला साहब देवरसजी ने वकील साहब को श्रद्धांजलि अर्पित करते समय इसका उल्लेख किया था। उन्होंने कहा था, 'संघ की अपनी कार्यपद्धति में भी सभी प्रचारकों से ऐसी अपेक्षा रखी जाती है कि उन्हें केवल संघ के स्वयंसेवकों के साथ संबंध रखना पर्याप्त नहीं होता। स्वयंसेवकों के परिवार के साथ भी आत्मीयता के संबंध बनें, इस तरह कार्य करें। मुझे वकील साहब की तुलना में आए बहुत कम कार्यकर्ता दिखाई देते हैं। परिवारों के साथ वकील साहब का व्यवहार कैसा था, मुझे इसका

अनुभव तब-तब हुआ जब-जब मैंने उनके साथ प्रवास किया और यह हमेशा मेरे मन पर प्रभाव छोड़ता रहेगा।'

श्री दत्तोपंत ठेंगड़ीजी ने वकील साहब के इस स्वभाव की भूरि-भूरि प्रशंसा की है कि वे जिस परिवार में जिस प्रसंग पर भी जाते थे उस परिवार के ही हो जाते थे। उस परिवार की छोटी-छोटी बातों, उनकी खुशियों और उनकी समस्याओं से भी अवगत रहते थे। बड़ों की तबीयत कैसी है, छोटों की शिक्षा कैसी चल रही है, विदेश से पुत्र का पत्र आया कि नहीं, ससुराल गई बिटिया कब वापस आनेवाली है, उसे वहाँ कोई कष्ट तो नहीं है, घर में अमुक स्थान पर पार्टीशन लगवाना था, उसका क्या हुआ? ऐसे छोटे-बड़े कितने ही प्रश्नों के विषय में वे इतनी आत्मीयता से जाँच करते थे मानो परिवार का ही अंग हों। किसीका जन्मदिन हो, कोई बीमार हो, कोई परीक्षा में पास हुआ हो और किसी परिवार में किसीका देहांत हुआ हो तो वकील साहब एक परिवारजन के रूप में निश्चित तौर पर उपस्थित रहते थे। प्रवास में होने के कारण प्रत्यक्ष उपस्थित न रह सके तो पत्र तो अवश्य भेजते थे।

अधिकांशत: ऐसा होता है कि किसी परिवार में जाना है तो जिसके साथ काम हो उसीके साथ बातें होती हैं, बाकी सबको औपचारिक नमस्कार कर कार्यकर्ता वापस लौटता है; परंतु वकील साहब वृद्ध माँ-बाप से लेकर छोटे बच्चों तक सबको बुलाते थे। दो मिनट तो बात करते ही थे और अधिक समय हो तो उनके साथ बातों में हिल-मिल जाते थे। परिवार के छोटे-बड़े सबके नाम उनको याद थे। यहाँ तक कि पत्र में भी उनके नाम लिखना नहीं भूलते थे। जिस परिवार में जाते वहाँ अगर किसीका नाम भूल गए हों तो उनकी दैनंदिनी में लिखी गई सूचना के अनुसार 'यह ठीक न हुआ' ऐसा भी लिख देते थे।

व्यापक संपर्क

व्यापक संपर्क वकील साहब की सबसे बड़ी विशेषता थी। संघ के क्षेत्र प्रचारक और उसके बाद अखिल भारतीय श्रेणी के अधिकारी होने के बाद भी उनके प्रवास में निश्चित प्रवास के बाद का बाकी समय ऐसे संपर्कों में ही बीतता था। कुछ कारणों से संघ कार्य की प्रत्यक्ष जिम्मेदारी से अलग हुए

स्वयंसेवक के परिवार में भी जाने से नहीं चूकते थे। विशेषता तो यह है कि जब वे पूजनीय सरसंघचालक या माननीय सरकार्यवाह जैसे प्रमुख अधिकारियों के साथ प्रवास में होते तब भी निश्चित कार्यक्रम पूरा होते ही समय निकालकर उस स्थान के नए-पुराने स्वयंसेवकों के घर पहुँच जाते। इस विशाल संपर्क के कारण वे गुजरात के संघ परिवारों में निस्स्वार्थ प्रेम, असीम स्नेह और अनुपम आत्मीयता के प्रतीक बनकर 'वकील साहब' बने।

परिवारों के साथ आत्मीयता के ऐसे संबंधों और कर्तव्यों में तो कितनी सारी बातों का अंतर्भाव होता है। अपने-अपने पारिवारिक जीवन में हम इसका नित्य अनुभव करते हैं। उदाहरण के तौर पर निम्नलिखित दो-तीन प्रसंग देखे जा सकते हैं—

माननीय वकील साहब की सूचनानुसार अपने व्यक्तिगत जीवन की सहूलियत का विचार किए बिना कार्य में लगे हुए ऐसे अनेक कार्यकर्ता गुजरात में हैं। ऐसे ही एक कार्यकर्ता 'साधना' साप्ताहिक में काम करते थे। उनका परिवार गाँव में था और वह अकेले कर्णावती (अमदाबाद) में थे। जब उनके पचास वर्ष पूरे होने के दिन पास आए तो उनके परिवारजनों एवं मित्रों को ऐसा लगा कि अब वे परिवार के बीच रहें तो बड़ा आनंद रहेगा। इन्हीं दिनों में माननीय वकील साहब प्रवास करते हुए उस गाँव में पहुँचे और स्वाभाविक तौर पर उस कार्यकर्ता के घर गए। परिवारजनों ने अपने मन की बात वकील साहब के सामने रखी। वकील साहब यह जानते नहीं थे। प्रवास से कर्णावती वापस लौटे, तब उस कार्यकर्ता की इक्यावनवीं वर्षगाँठ साधना परिवार के बीच मनाने के बाद दोपहर को उनकी गाँव जाने की व्यवस्था कर दी।

सबके स्वजन

अब अमदाबाद के जयंतीभाई शाह द्वारा कहा गया एक प्रसंग— 'अमदाबाद में संघ का शिविर था। परमपूजनीय बालासाहब देवरस एवं अन्य अधिकारी आनेवाले थे। सभी तैयारियों के साथ अधिकारियों के निवास स्थानों की भी चर्चा हो रही थी। इस समय वकील साहब का स्वास्थ्य ठीक न होने के कारण संघ कार्यालय के स्थान पर किसी स्वयंसेवक के यहाँ

उनकी व्यवस्था का विचार किया गया। माननीय वकील साहब का मेरे यहाँ ठहरना निश्चित हुआ। मैं वकील साहब को लेने गया तो उन्होंने मुझसे कहा, 'मेरी तबीयत अभी ठीक है। मैं कार्यक्रम में हिस्सा लूँगा। संघ कार्यालय में रहूँ, यही ठीक रहेगा। ऐसा न हुआ तो मेरे स्वास्थ्य के बारे में स्वयंसेवक चिंतित होंगे और उनका ध्यान शिविर के कार्यक्रम से हटकर मेरे स्वास्थ्य की ओर जाएगा, जोकि उचित नहीं। अतः मैं संघ कार्यालय पर ही रहूँ, ऐसी मेरी इच्छा है। भाभी और बच्चों से मिलने के लिए मैं घर पर अवश्य आऊँगा।' संघ कार्य के लिए कितनी जागृति, निष्ठा, उसके साथ-साथ स्वयंसेवक के मन को दुःख न हो, उसकी भी कितनी चिंता!

'कार्यक्रम में से समय निकालकर वह मेरे घर आए। मेरी धर्मपत्नी के पाँव में जोड़ों का दर्द था। वकील साहब को इसका पता था, अतः आते ही पहला प्रश्न पूछा, 'स्वास्थ्य कैसा है? कौन सी दवा चल रही है?' आदि पूछताछ की। अंतिम ट्रीटमेंट में मणिनगर में चलते एक मैग्नेटिक प्रयोग की मैंने बात की है। बातचीत में उन्हें ध्यान आया कि इस प्रयोग से थोड़ा फर्क है और यदि सूरत में मिलनेवाला मैग्नेट मिले तो मणिनगर केंद्र में नहीं जाना पड़ेगा। उन्होंने तुरंत कहा कि शिविर पूरा होते ही मैं सूरत जानेवाला हूँ, वहाँ से आपकी आवश्यकतानुसार दो मैग्नेट भेज दूँगा।

'इतने सारे कामों में व्यस्त, अस्वस्थ, अनेक स्वयंसेवकों से मिलना, उनके घर आना-जाना, फिर भी सूरत जाने के केवल चार दिन बाद एक स्वयंसेवक दो मैग्नेट लेकर आ गया। घर के सभी लोगों को आश्चर्य हुआ। यह कैसा अद्भुत व्यक्ति है, जो प्रत्येक की देखभाल घर के मुखिया की तरह करता है।

'विशेष नोट करने की बात यह थी कि स्वयंसेवकों के परिवारों की चिंता जीवन के अंतिम क्षणों तक वैसी-की-वैसी ही करते रहे। वकील साहब अंतिम समय में गुजरात आए। उस दौरान अपने एक कार्यकर्ता का देहावसान हो गया था। उसकी पत्नी वकील साहब के दर्शनार्थ संघ कार्यालय आई। उन्होंने उससे पूछताछ की, सांत्वना दी। मिल्कियत के बारे में पूछताछ की, तब उनके खयाल में आया कि इस संबंध में कई मुश्किलें आने की संभावना है। तभी बगल में खड़े कार्यकर्ता से कहा, 'इस बहन की बगैर

कसूर के ही कठिनाई में आने की संभावना है, इनके सब कागजात देखकर इनकी कानूनी सहायता करोगे तो उसे किसी प्रकार की चिंता नहीं रहेगी।' '

अभी गुजरात में प्रचारक के रूप में कार्य करते श्रीकांतभाई काटधरे का एक स्वयं का अनुभव आता है और दूसरा अनुभव राजकोट के कांतिभाई भट्ट का है। ऐसे कई उल्लेखनीय संस्मरण हैं।

स्वयंसेवकों के परिवारों के साथ वकील साहब का संबंध कैसा था, यह उपर्युक्त संस्मरणों से पता चलता है। केवल इतना ही नहीं, पत्रों द्वारा भी वह संपर्क बनाए रखते थे। वकील साहब को कैंसर है, यह प्रकट होते ही पूना के एक अधिकारी उनसे मिलने पहुँचे थे। जब वह वहाँ से वापस लौटे तो वकील साहब ने उनकी पत्नी को यह पत्र लिखा—

'भाई स्वयं मुझे मिल गए हैं, अतः आपको सारी जानकारी मिल गई होगी। हालाँकि आपको हमेशा शिकायत होती है कि मेरे भाई बहुत कम और आवश्यक बातें ही करते हैं। अतः मुझे लगता है कि मेरे स्वास्थ्य के बारे में जितना आप जानना चाहती होंगी, उतनी जानकारी आपको जरूर मिल गई होगी। वैसे तो हम जितना समय साथ-साथ रहे, इतने समय में अन्य कोई हमारे स्थान पर होता तो हमने जितनी बात की है, उससे दस गुनी बात तो कर ही लेता। खैर, बात करने के लिए या एक-दूसरे को विचार आदान-प्रदान के लिए हमेशा शब्दों की आवश्यकता होती है।

'आपके पत्रों का जवाब निरंतर लिखता हूँ, पर एक दृष्टि से अच्छा है कि संयोग से आज रक्षाबंधन का पवित्र मंगल दिन है।

'मेरी तबीयत लोगों की अपेक्षा से अधिक प्रगति पर है। है तो थोड़ा, पर जवानी की शुरुआत जैसी है। इस प्रगति से डॉक्टर खुश हैं। भूतकाल में जो भूल हुई, उनपर विचार करता तो लाभ हो सकता था।

'परंतु मेरे लिए एक बाधा खड़ी हो गई है। वकील साहब, आप यह करिए, वह नहीं; ऐसा स्पष्ट कोई नहीं कहता। 'आप ये न करो तो ठीक' ऐसी सलाह तो सभी देते हैं; लेकिन जब निर्णय मुझे ही लेना होता है तब मुझे लगता है कि यह मैं कर सकता हूँ और करने का निर्णय लेना होता है, यही एक उलझन है।

'ठीक बात तो यह है कि दौड़-भाग में तबीयत पर असर पड़ता है,

बहन। पर यह जो रोग लगा है, इसका भाग-दौड़ से कोई संबंध नहीं। मैं इस विषय में डॉक्टर साहब से स्पष्ट पूछ चुका हूँ। खैर, भविष्य में कार्यक्रम बनाते समय अवश्य ध्यान रखूँगा, जिससे कि सभी को संतोष हो, ऐसा किस ढंग से कर सकूँ।'

और दूसरा पत्र माननीय श्री बचुभाई भगत के पुत्र परिंदु तथा उनकी पुत्री रीटा बेन के नाम लिखा।

पारिजात का पुष्प (रातरानी का फूल)

'परम स्नेही परिंदु और सौ. रीटा बेन,

सप्रेम नमस्ते।

'आपका पत्र मिला, प्रसन्नता हुई। नई पीढ़ी का पत्र मिले तो कैसा आनंद होता है! यह तो स्वयं पुरानी पीढ़ी के होकर नई पीढ़ी का पत्र मिले, तब सही अर्थों में पता चलता है।

'संघ कार्य ऐसा गतिमान कार्य है जिसमें कितना समय बीत गया, कितने वर्ष बीत गए, उसका पता ही नहीं चलता। दैनिक काम और आनेवाले कल के कार्यों का विचार करने में; यदि भूतकाल के लिए सोचते भी हैं तो वह केवल नए काम के अनुभव को याद करने तक ही सीमित है।

'तुमने कभी अनुभव किया होगा पारिजात (रातरानी) का पेड़ होता है, उसके सुंदर फूल होते हैं। वे फूल पेड़ पर चढ़कर नहीं तोड़े जाते। पेड़ को जरा सा हिलाओ कि उसके फूल बारिश की तरह जमीन पर बरसने लगते हैं। मनुष्य मन भी ऐसा ही है। परिस्थिति की अनुकूलता हो और मन को यदि किसी कारण से स्मरण को धक्का लगता है तो संस्मरणों की बरसात हो जाती है।

'तुम्हारा पत्र मिला और सन् १९५० से लेकर आज तक के सभी प्रसंग एक फिल्म की तरह नजर के सामने से गुजर गए। छोटी मंदा और काकू उनके बचपन के अनेक संस्मरण याद आते हैं। उन्हीं बच्चों के आज के विकास का यशस्वी जीवन का अनुभव करते माननीय श्री बचुभाई, बड़ी बहन कितनी धन्यता का अनुभव करते होंगे। इसका अनुभव मैं भी करता हूँ।

'इच्छा होते हुए भी सभी को पत्र लिखा नहीं जा सकता। एक को पत्र

अर्थात् कम-से-कम उस गाँव में पचास लोगों को पत्र—यह आज मैंने अपने मन से गिनती कर रखी है। यह गिनती सही नहीं, मन को समझाने के लिए एक खाका तैयार किया है। मेरी ओर से आप सबको खुशी के समाचार देंगे।

'परिंदु भाई एवं उनकी पत्नी नई पीढ़ी के प्रतिनिधि हैं, जिसकी टिप्पणी तो वकील साहब ने प्रारंभ में ही कर दी है। परंतु उन प्रतिनिधियों को पत्र लिखते समय रातरानी के फूलों का जो उदाहरण दिया है, उसमें प्रसंगोचित दृष्टांत देने की वकील साहब की शैली के अतिरिक्त उनकी साहित्यिकता के भी दर्शन होते हैं। साथ ही पत्र के अंत में गिनती के खाके की जो बात की है, उससे उनके विशाल परिवार का ध्यान आ जाता है।

संघ कार्यालय में प्रचारक एवं कार्यकर्ता ही रहते हैं। स्वयंसेवकों के परिवारों की बहनों एवं माताओं के लिए वैसे तो कोई निषेध नहीं होता, फिर भी कार्यालय में जाने, न जाने पर बहनों के मन में कुछ दुविधा अवश्य होती है। उसमें भी किसी विशेष परिस्थिति में प्रचारक या अधिकारी के आने के समाचार मिलते हैं, तब यह विशेष प्रश्न खड़ा होता है। नागपुर की शांता बेन सावरकर ने एक बार सीधा ही प्रश्न पूछ लिया, 'वकील साहब, हमारी जैसी बहनें आपसे मिलने कार्यालय में आएँ तो चलेगा?' वकील साहब ने तुरंत ही उत्तर दिया, 'अरे, परिवार में बहनें नहीं होतीं क्या? संघ भी तो अपना विशाल परिवार है, तो फिर बहनें मिलने आएँ इसमें क्या एतराज हो सकता है!'

संबंधों की लक्ष्मण रेखा

इस संबंध में वकील साहब की एक टिप्पणी देखने योग्य है। मनुष्य के प्रति सद्भाव रखना, उससे सहानुभूति रखना, परंतु उससे अधिक परिचय नहीं बढ़ाना कैसी विचित्र बात है? परंतु है तो सही न! अति परिचय आसक्ति को जन्म देता है और सहानुभूति होने में यह मैत्री भाव आकर्षण या आसक्ति का विषय बन जाता है। और उसमें भी विशेषत: विजातीय मैत्री कब आसक्ति के क्षेत्र में सरक जाती है, इसका खयाल दोनों को नहीं रहता। ऐसे विषय में स्व पर अधिक विश्वास रखना संभव नहीं। कितने सुंदर शब्दों में वकील साहब ने कार्यालय में बहनों के निषेध को समझा दिया।

इसी प्रकार परिवारों के साथ संबंधों में एक और भी आर्थिक संकट खड़े होने की संभावना होती है, जिसके लिए सावधानी की बड़ी आवश्यकता है। वकील साहब की बीमारी की अवस्था में कार्यकर्ता ने आर्थिक रूप से सहायक होने की पेशकश रखी; परंतु वकील साहब के लिए तो यह अर्थ अस्पृश्य था; क्योंकि संघ ही उनकी आवभगत कर रहा था। स्वयंसेवक निराश हो गया, अत: उसका मन रखने के लिए पैसे तो ले लिये, परंतु उन पैसों को मेडिकल सेंटर में देकर दूसरी ओर मोड़ दिए। तो दूसरी ओर उनके भाई के निधन के समय एक स्वयंसेवक उनके घर आया और वकील साहब ने अपने भाई के देहांत का समाचार देकर कहा, 'पाँच हजार रुपए की आवश्यकता है। भाई नौकरीवाले आदमी थे। क्रिया-कर्म में मुझे तत्काल पैसों की आवश्यकता है। दो-तीन मास में वापस लौटा दूँगा।' पैसे देकर वकील साहब से आशीष माँगना उस व्यक्ति ने अपना अहोभाग्य समझा। परंतु निश्चित समय में पैसा लेकर वकील साहब वापस आए और मैंने उनसे कहा, 'मैंने यह पैसा वापस लेने के लिए नहीं दिया था, आपको जैसे योग्य लगे, इसका उपयोग कीजिए।' बड़ी 'हाँ-न' के बाद उन्होंने वे रुपए संघ के अधिकारी को दे दिए, परंतु स्वयं नहीं रखे।

शिकायतें भी

जिन परिवारों के साथ संबंध होता है, उस परिवार से आनेवाले स्वयंसेवक विषयक शिकायतें भी आती रहती हैं, जैसे—स्वयंसेवक का न पढ़ना, देर से घर आना आदि संरक्षकों एवं बहनों की ओर से ऐसी शिकायत ज्यादा होती हैं। वकील साहब के साथ वाकानेर के प्रवास के दौरान उन बहनों की चर्चा रखी गई। इस बैठक में कुछ बहनों ने वकील साहब के सामने अपनी शिकायतें रखीं। उन्होंने ये सब शिकायतें सुनीं और फिर शांतिपूर्वक कहा, 'ऐसी शिकायतों के पीछे थोड़ा समझ का अभाव होता है।'

एक संत पुरुष के द्वारा दिए गए उदाहरण का निर्देश करते हुए उन्होंने कहा, 'पुत्र जब विवाहित हो जाता है, जो पुत्र माँ पर आश्रित था अब वह कार्य पत्नी द्वारा करवा लेता है तो माँ समझती है कि अब वह हमारे साथ कम बोलता है। पिता भी कुछ ऐसा ही महसूस करते हैं। वास्तव में पुत्र को अपनी

पत्नी के प्रति भी पतिधर्म निभाने के लिए कुछ समय पत्नी को देना पड़ता है। शाखा में आनेवाले स्वयंसेवक के विषय में भी कुछ ऐसा ही होता है।'

ऐसे अनेक प्रसंग तो वकील साहब के साथ स्थान-स्थान पर आते रहे। शिकायतें होती रहीं, वकील साहब समाधान करते रहे।

जब परिवारों के साथ अधिकाधिक संबंध रहता है तब कार्यवृत्ति भी सरल हो जाती है। वकील साहब के साथ लंबे समय तक रहनेवाले एक स्वयंसेवक ने यह बात लिखकर भेजी है।

स्वयंसेवक घरों में अधिक जाएँ, इस विषय में वकील साहब का विशेष आग्रह रहता। न केवल स्वयंसेवकों तक सीमित हों, अपितु उनके परिवारजनों में भी यह संबंध स्थापित हो, यह भी आवश्यक है। जिससे स्वयंसेवक किस परिवार में रहता है, उसके परिवार में अनुकूल-प्रतिकूल परिस्थितियाँ ध्यान में आएँ, यह उन संबंधों से पता चलता है। स्वयंसेवकों को कोई जिम्मेदारी देते समय उसके परिवार के वातावरण का अध्ययन बहुत ही उपयोगी होता है। जैसे राज्य के महानगर में भाजपा केवल एक ही बहुमत से सत्ता में थी। इस सत्ता को सँभाले रखने में स्व. अरविंद भाई मनियार का महत्त्वपूर्ण योगदान था; परंतु अगले चुनाव में अरविंद भाई अपने स्वास्थ्य के कारण, अपने निजी कार्य के कारण पुनः खड़े नहीं होना चाहते थे। सबके मनाने के बावजूद अरविंद भाई तैयार नहीं हुए। सबने सोचा कि वकील साहब आ रहे हैं, वही इस कार्य को पूरा कर पाएँगे। वकील साहब आए, अरविंद भाई से मिले और सारी विकट परिस्थितियों के बावजूद उन्हें मना लिया; परंतु अरविंद भाई की पत्नी से भी मंजूरी लेनी पड़े, ऐसी स्थिति आ खड़ी हुई। वकील साहब के लिए यह मुश्किल न था। क्योंकि उनका संबंध बैठकखाने से लेकर रसोईघर तक था। अतः उन्होंने अरविंद भाई की पत्नी को मना लिया और अरविंद भाई चुनाव में खड़े हो गए।

गुजरात और गुजरात के बाहर असंख्य परिवारों के साथ वकील साहब के ऐसे आत्मीयतापूर्ण संबंध थे। उनके संस्मरणों में दिग्दर्शन होता है। जब उनका स्वास्थ्य बिगड़ा और कैंसर की बीमारी का समाचार लोगों को मिला तो कितने ही परिवारों ने उनके शीघ्र स्वास्थ्य हेतु यज्ञ-जप करवाए। पूना से मिलने कितने ही परिवार गए। विदेशों में रहनेवाले स्वयंसेवक परिवारों ने

अमेरिका आने का आग्रह किया। इन सब में से असंख्य परिवारों के भाव एवं भावना शब्दों द्वारा व्यक्त करना असंभव है; क्योंकि यह अभिरुचि का नहीं, अनुभूति का विषय है।

दो शब्द, दो आँसू

फिर भी ऐसे प्रसंगों में कई बार थोड़े शब्द भी बहुत कुछ कह जाते हैं। पं. दीनदयालजी के देहांत के बाद मुंबई में उनको श्रद्धांजलि देने के कार्यक्रम में कई महानुभावों ने उन्हें अश्रुपूर्ण श्रद्धांजलि दी और उनके जाने से कार्य को कितनी हानि हुई, यह भी कहा गया। परंतु उस समय एक कार्यकर्ता बहन ने हृदय से पीड़ित होकर कहा, 'आप लोग यहाँ लाभ-हानि का माप-तौल कर रहे हैं, परंतु हम बहनों का तो दुःख ही कुछ और है। जो हमें हमेशा प्यार से बुलाते थे, हम अपना हृदय खोलकर उनसे बात कर सकते थे, संकट के समय जो हमें आश्वासन एवं मार्गदर्शन देते थे, हम असंख्य बहनों ने आज अपना भाई खो दिया है। हमारे लिए इस वेदना से उबरना कठिन है।'

वकील साहब के संदर्भ में भी बात करने पर एक परिवार की दो बहनों के ऐसे ही भाव थे। जब उनसे पूछा गया, 'वकील साहब के जाने से आपका अंत:करण तो हिल गया, यह तो देखा जा सकता है; परंतु यह कहें कि उनके जाने से आपके जीवन में ऐसी कौन सी कमी हो गई? जन्मदाता, माता-पिता के निधन से होनेवाली कमी को समझा जा सकता है, परिवार के किसी बड़े-बुजुर्ग के चले जाने से घर का सूनापन समझा जा सकता है; परंतु वकील साहब के चले जाने पर आप इतने गमगीन क्यों होते हैं?'

बात चल ही रही थी, प्रश्न पूछे जा रहे थे और वे दोनों बहनें गंभीर होती गईं। प्रश्न का उत्तर देने की स्थिति उनमें नहीं थी। आखिर उनकी आँखों से आँसुओं का सैलाब फूट पड़ा।

आँसू तो मूक होते हैं, परंतु हजारों शब्दों से अधिक बहुत कुछ कह जाते हैं। वकील साहब के लिए उन दोनों बहनों की आँखों से बहते आँसुओं ने बहुत कुछ कह दिया था।

□

राष्ट्र जीवन के शिल्पी

चालीस वर्ष का अखंड सार्वजनिक जीवन और उसमें भी जब प्रत्येक क्षण को समाजमय बनाकर जिया जाता हो, लोगों के बीच ही जीवन व्यतीत होता हो, तब कितने ही प्रश्न, प्रसंग, बातों और अनुभवों की विशाल माला बन जाती है। सबके अपने अनुभव होते हैं। सार्वजनिक जीवन की प्रत्येक घटना का प्रत्यक्ष-अप्रत्यक्ष मूल्यांकन होता है। कभी उत्साह हो, कभी वेदना हो, कभी रोष, कभी आशा कभी निराशा...क्या नहीं होता! एक मनुष्य के साथ जो कुछ होता है, वह वकील साहब के लिए होगा ही। चालीस वर्ष के सार्वजनिक जीवन को स्मृतिपट पर लाते ही घटनाओं की एक पंक्ति बनती चली जाती है। कभी इस घटना के जन्मदाता होंगे तो कभी मूकदर्शक, कभी इसके लिए प्रेरणा दी होगी तो कभी उसकी पूर्ति के लिए परिश्रम किया होगा, कभी मार्गदर्शक तो कभी निर्माता बने होंगे।

इतिहास के झरोखे से

जब वकील साहब ने सार्वजनिक जीवन का प्रारंभ किया तब दूसरे विश्वयुद्ध के प्रभाव की चारों ओर चर्चा थी। आजादी पूर्व पूरा देश सांप्रदायिक अग्नि में झुलस रहा था। जिस मातृभूमि के प्रति अपार श्रद्धा थी, उसके टुकड़े हो रहे थे तो दूसरी ओर आजादी के गीत गाए जा रहे थे। लाखों हिंदू परिवार असहाय, बेबस, शरणार्थी बनकर आ रहे थे। उनके दुःख को कम करने का प्रयत्न किया जा रहा था। इन सबके बाद महात्माजी की हत्या के हीन कृत्य ने

पूरे देश को असहनीय आघात दिया। हिंदू संस्कृति और परंपरा के लिए यह एक लज्जास्पद कृत्य था और उनकी हत्या पर राजकीय चालबाजी के दाँव रचे जा रहे थे। अपने पवित्र संघ कार्य पर प्रतिबंध लगा और हटा भी। हिंदू कोड बिल की चर्चा में 'इंडिया दैट इज भारत' जैसे शब्द प्रयोग पर आक्रोश हुआ। भारत का पूर्व किनारा बंगाल अकाल की काली छाया में जकड़ा था, तब 'वास्तुहारा सहायता समिति' उनकी मदद में दौड़ रही थी, तो भारत के पश्चिम किनारे पर गुलामी की कलंकित गाथा के निर्मूलन रूप भगवान् सोमनाथ के मंदिर का पुनरुत्थान प्रारंभ हुआ। सोने की थाली में लोहे की कील की तरह ही आजाद भारत में दादर-नगर हवेली और सिल्वासा को मुक्त कराने के लिए सशक्त क्रांति द्वारा सफल प्रयास, तो दूसरी ओर गोवा और दीव की मुक्ति के लिए व्यापक सत्याग्रह। हिंदू मात्र के लिए श्रद्धा की केंद्र बनी गाय की रक्षा हेतु 'गौ-रक्षा आंदोलन' में सक्रिय सहयोग, गुजरात के लाखों नागरिकों से हस्ताक्षर लेने का सफल कार्यक्रम, परम पूज्य गुरुजी की इक्यावनवीं सालगिरह पर सार्वजनिक सत्कार समारोह, भाषावाद प्रांत रचना से उत्पन्न प्रांतवाद की भावनाएँ, गुजरात के पश्चिम किनारे अंजार में भयानक भूकंप से पीड़ित लोगों की सेवा, स्वयंसेवकों के परिश्रम से अमदाबाद में संघ के प्रांतीय कार्यालय का निर्माण, आजाद भारत की शांति की बातों में खंजर भोंकनेवाले चीन का आक्रमण, प्रति पाँच वर्ष में आनेवाले चुनाव का जनजीवन पर प्रभाव, गुजरात में कच्छ की सरहद पर पाकिस्तान का आक्रमण, तीन वर्ष के छोटे से अंतराल में दो प्रधानमंत्रियों की चिरविदाई, धार्मिक क्षेत्र में क्रांति की मशाल जगाकर प्रकाशित कर देनेवाले बल के रूप में विश्व हिंदू परिषद् का जन्म, स्वामी विवेकानंद जन्म शताब्दी के अवसर पर कन्याकुमारी में उनके भव्य स्मारक के लिए गुजरात के नागरिकों का योगदान, गौ-रक्षा की माँग करनेवाले संत-महात्माओं पर गोलियाँ चलाना, गुजरात में धार्मिक स्थानों पर आक्रमण, व्यापक सांप्रदायिक दंगे, पाकिस्तान के साथ युद्ध, सिद्धपुर में विशाल हिंदू सम्मेलन, परम पूज्य गुरुजी की बीमारी, उत्तर गुजरात में भयंकर अकाल, नैतिक मूल्यों के लिए नव निर्माण का आंदोलन, लोकतंत्र पर कुठाराघात करनेवाला आपातकाल, मोरवी की भयंकर बाढ़, हिंदू समाज को विच्छेद करनेवाला अनामत आंदोलन और उसकी आड़ में सांप्रदायिक दंगे, रामजन्मभूमि

मुक्ति आंदोलन और न जाने कितनी प्रत्यक्ष-अप्रत्यक्ष घटनाएँ बनी होंगी। परंतु वकील साहब की नजर से प्रत्येक घटना को जाँचना होगा। उस समय के उनके दृष्टिकोण को देखना हो, उनकी योजना समझनी हो तो एक स्वतंत्र इतिहास रचा जा सकता है। यह सबकुछ होने के बावजूद उनके सार्वजनिक जीवन का मूल्यांकन करना सरल नहीं है।

प्रश्न अनेक

चालीस वर्ष निरंतर समर्पित जीवन जीनेवाले वकील साहब ने क्या किया? यह प्रश्न तो किसी भी सामान्य मनुष्य के मन में उठना स्वाभाविक है; क्योंकि उसका मापदंड तो रोटी, कपड़ा, मकान है। वह तो अपने ही मापदंड से देखेगा कि उन्होंने विद्यार्थियों के विकास की क्या व्यवस्था की? दो समय के भोजन के लिए जूझते मजदूरों की मुसीबतों के लिए क्या किया? सामाजिक रूप से तिरस्कृत अपने हरिजन बांधवों के लिए हरिजन उद्धार जैसा कोई कार्य किया? स्त्री को पुरुष बराबर बनाने की इतनी चर्चाएँ होती हैं, फिर भी स्त्री मुक्ति के लिए, महिला उत्थान के लिए क्या प्रयास किए? दहेज और बालविवाह जैसी समस्याओं के सामने बगावत की? नर्क जैसी जिंदगी जीते हजारों झुग्गी-झोंपड़ीवालों के लिए क्या आर्थिक आयोजन किया? फैलते जाते जातिवाद और जाति तोड़ो आंदोलन के लिए क्या किया? सार्वजनिक जीवन से समाप्त होते जा रहे नैतिक मूल्यों के लिए जागरूकता जगाई? ऐसे ही अनेक प्रश्न, जिनपर उँगली रखकर सीधे पूछा जा सकता है कि वकील साहब ने क्या किया, तो निर्विवाद रूप से कहा जा सकता है कि कोई उत्तर नहीं।

उत्तर एक

प्रश्न उठता है कि क्या वे इन सबसे अपरिचित थे? क्या अलिप्त थे? हमारे सामाजिक जीवन में बिलकुल क्षुद्रता का प्रदूषण चारों तरफ दिखाई देता है, जिसमें व्यक्ति की निजी आकांक्षाओं को बढ़ाने की पूर्ण शक्ति है। परिणामस्वरूप अस्वस्थ समाज का सर्जन हुआ है और इस अस्वस्थता की पीड़ा का अहसास उन्हें नहीं होगा, ऐसा नहीं हो सकता। समाज की पीड़ा

की संवेदनाओं ने ही तो उन्हें समर्पित जीवन की ओर प्रेरित किया। वे संकल्पित थे कि इस समाज को सब प्रकार से किस तरह श्रेष्ठ बनाया जाए। परंतु उनका मार्ग निराला था। वे चाहते थे कि इन समस्याओं से लोहा लेने के लिए यह शक्ति समाज में ही पैदा होनी चाहिए और ऐसा तभी संभव होगा जब समाज का प्रत्येक अंग शक्तिशाली होगा। बचपन में उन्होंने परम पूज्य डॉ. हेडगेवार के मुख से प्रसंग का यही पहला पाठ सीखा था और पहले दिन के इस पाठ को श्रद्धापूर्वक शब्दों का ढाँचा देते हुए उन्होंने कहा था। वहाँ उपस्थित अनेक लोगों में मैं उम्र में छोटा था। तब परम पूज्य डॉक्टर साहब की एक बैठक में उपस्थित रहने का अवसर मिला। उस समय उन्होंने जो कहा वह पूरी तरह समझ गया था, ऐसा तो नहीं कह सकता; परंतु आज याद आता है। हम पाँच-पच्चीस लोग थे और डॉक्टर साहब ने पूछा, 'इस देश का भला कौन करेगा?' 'हम ही करेंगे' ऐसा उत्तर सभी स्वयंसेवकों ने दिया। हमें ही करना है तो अपने गाँव में इस प्रकार का विचार करनेवाले कितने ही लोग होंगे, क्योंकि समाज जीवन में राष्ट्रहित के स्थान पर स्वहित का विचार करनेवालों की बहुलता है। जब तक राष्ट्रहित के विचार करनेवालों की संख्या नहीं बढ़ेगी तब तक हम राष्ट्र को अपनी कल्पनानुसार श्रेष्ठ नहीं बना पाएँगे। इसी श्रद्धा से उन्होंने कर्मपथ बनाया था और कितनी भी कठिनाइयाँ आईं, वकील साहब निरंतर कर्मयोगी बने रहे। जिम्मेदारियाँ बढ़ती रहीं, कार्य बढ़ता रहा, कैंसर जैसी बीमारी में भी एक बार गुजरात का प्रवास पूरा किया। आगे-पीछे का कोई विचार न करते हुए, जीवन-मृत्यु का विचार न करते हुए एक ध्येय, एक निष्ठा, एक श्रद्धा। कर्म, कर्म और कर्म। परम पूज्य बाला साहब देवरसजी ने स्व. बाबू भाई ओझा को श्रद्धांजलि देते समय कहा था, 'संघ कार्य देखने में सरल लगता है, परंतु जिसके सिर पर जिम्मेदारी होती है उसके लिए सरल नहीं होता। अनेक कठिनाइयों के बीच काम करना होता है, जिसका शरीर पर प्रभाव हुए बिना नहीं रहता।'

प्रांत स्तर से लेकर तहसील स्तर तक सैकड़ों कार्यकर्ताओं की जो पंक्ति आज दिन-रात परिश्रम कर रही है, उसका निर्माण वकील साहब ने स्वयं किया है। सद्विचार उतनी ही कुशलता और धैर्य से सभी आगे बढ़ा रहे हैं। पूज्य सरसंघचालकजी ने कहा था, 'देश में देवदुर्लभ कार्यकर्ताओं के कारण

मैं यह कार्य सरलता से पूरा करूँगा, ऐसी मुझे श्रद्धा है।' ऐसे देवदुर्लभ कार्यकर्ताओं का निर्माण करनेवाले वकील साहब गुजरात के शिल्पी थे। उनके जाने के बाद भी कहीं कोई रुका नहीं, उलझा नहीं—यही उनकी सबसे बड़ी सफलता थी।

राष्ट्र के कायाकल्प के रचयिता

केवल संघ कार्य की ही नहीं, पूरे समाज जीवन की अस्वस्थता दूर करने के लिए वकील साहब कृत-संकल्प थे। उन्होंने तो शाखा ही चलाई, परंतु उन शाखाओं से निर्मित सैकड़ों कार्यकर्ता आज समाज जीवन के प्रत्येक क्षेत्र को प्रकाशित कर रहे हैं; जैसे—साहित्य साधना, पत्रकारिता के मूल्यों की सुरक्षा, वनवासी बंधुओं का विकास, शिक्षा जगत्, संत-महात्माओं की संगठित शक्ति द्वारा समाज की बुराइयों को दूर करना, समाज के प्रश्नों को संसद् और विधानसभा तक ले जाना, महिला उत्कर्ष और स्वावलंबन केंद्र चलाना, सीमाओं की सुरक्षा के लिए जनजागरण, झुग्गी-झोंपड़ी के बच्चों को संस्कारित करना, समाज विमुक्त पढ़े-लिखे लोगों को समाजधारा में जोड़ना, मजदूरों को यूनियनबाजी से निकालकर उनमें देशभक्ति के संस्कार सिंचन करना, दिशाशून्य विद्यार्थियों की शक्ति को रचनात्मक दिशा की ओर मोड़ना आदि ऐसे अनेक कामों में लगे लोगों की संख्या अनगिनत है, जिनसे पूछा जाए कि 'जीवन में भविष्य बनाने का विचार छोड़कर आप इसमें क्यों लगे हैं?' तो उनका उत्तर होगा, 'संघ शाखा में ही समाज सेवा के संस्कार मिले थे। हमसे यह सब वकील साहब ने ही कहा।'

वकील साहब के जीवन यज्ञ का यही प्रेरणादायी परिणाम है। राष्ट्र जीवन में उतरे इस शिल्पी के नाम की कहीं पट्टी नहीं, कहीं नाम नहीं, नाम से दूर, यश से दूर समर्पण का आलिंगन करनेवाले वकील साहब बेशक किसी राजनीतिक सिंहासन पर नहीं थे; परंतु उनके पास लोक हृदय का वह सिंहासन था, जो कल भी था, आज भी है और आनेवाले कल में भी रहेगा।

□

आँधी

३० जनवरी, १९४८ का दिन हमारी संस्कृति और हमारे संस्कारों के लिए अशोभनीय बना। संपूर्ण देश शोकग्रस्त हो गया था। परम पूज्य सरसंघचालक गुरुजी ने शाखाओं में तेरह दिन का शोक मनाने का निर्णय लिया।

परंतु दाँव-पेंच की राजनीति में संलिप्त कुछ लोगों ने गांधी हत्या के शोकग्रस्त दिनों का उपयोग अपनी स्वार्थ पूर्ति के लिए किया। वैसे भी ऐसे तत्त्व इंतजार में बैठे थे। संघ कार्य से चिढ़नेवाले और इसे अपने अस्तित्व के लिए खतरा समझकर सत्तासीन लोगों ने गांधी-हत्या का निंदनीय और झूठा आरोप संघ पर लगाया। राष्ट्रभक्ति के लिए सेवा, समर्पण, त्याग, परिश्रम जैसे गुणों से संपन्न जोशीले युवकों से युक्त शाखाएँ प्रगति पर थीं। मातृभूमि के लिए सर्वस्व न्योछावर करने हेतु प्रतिक्षण तैयार रहनेवाले इन स्वयंसेवकों को स्वप्न में भी कल्पना नहीं होगी कि उनके ही भाई उनपर यह मिथ्या आरोप लगाकर अपना उल्लू सीधा कर उनका बलिदान लेने का षड्यंत्र रचेंगे। परंतु दुर्भाग्य से ऐसा हुआ।

सरकारी झूठ के साथ-साथ सरकारी राहों से संविधान की आड़ में दमन प्रारंभ हुआ। ४ फरवरी, १९४८ के दिन राष्ट्रीय स्वयंसेवक संघ जैसी राष्ट्रव्यापी संस्था पर प्रतिबंध लगा। गाँव-गाँव में बैठे इन नर रत्नों को बदनाम करने के लिए प्रचार माध्यमों का जमकर प्रयोग हुआ। देश भर से पूज्य गुरुजी सहित हजारों निर्दोष कार्यकर्ताओं को जेल में बंद कर दिया

गया। बात इतने तक ही सीमित नहीं रही, स्वयंसेवकों पर भी स्थान-स्थान पर हमले हुए। महाराष्ट्र में तो कहीं-कहीं स्वयंसेवकों को जिंदा जला दिया गया।

गुजरात भी इससे अछूता न रहा। अमदाबाद स्थित संघ कार्यालय पर भयानक हमला हुआ। भावनगर, सूरत, वडोदरा, नडियार, जामनगर जैसे स्थानों पर ऐसी ही घटनाओं की पुनरावृत्ति हुई। गुजरात में सौ से अधिक कार्यकर्ताओं की धरपकड़ की गई। कुछ और प्रचारक भी पकड़े गए। उस समय राजकोट और जामनगर वकील साहब का कार्यक्षेत्र था, परंतु इस विकट परिस्थिति में उनके पास इसके अतिरिक्त सौराष्ट्र और कच्छ को मार्गदर्शन देने की अतिरिक्त जिम्मेदारी आई। प्रतिबंध के साथ ही उनकी धरपकड़ के प्रयास हुए; परंतु वे अंत तक सफलतापूर्वक भूमिगत रहे और लड़ाई का मार्गदर्शन करते रहे। वकालत उन्होंने की ही थी, इन दिनों जेल में रखे गए कार्यकर्ताओं की सहायता के लिए कोई भी वकील तैयार नहीं होता था। ऐसे समय में वकील साहब ने अपनी डिग्री का उपयोग पहली बार किया। अभ्यास पूर्ण कर तुरंत मातृभूमि के लिए सर्वस्व अर्पण करनेवाले वकील साहब ने पहली बार काला कोट पहना। योजनानुसार गुजरात की सभी जेलों में वे वकील की हैसियत से कार्यकर्ताओं से मिलने गए। हैवियस कोर्पस करने के लिए जरूरी कागजात पर हस्ताक्षर कराने के काम में डिग्री का पहली बार उपयोग हुआ। अब तक वे लक्ष्मणरावजी या इनामदार के रूप में पहचाने जाते थे; परंतु भूमिगत रहकर कार्य करने पर वे वकील साहब के रूप में जाने जाने लगे। उनका यही नाम हजारों की प्रेरणा का स्रोत बन गया।

तरुणाई की तेज छाया

जब संघ पर प्रतिबंध लगा तब संघ का नेतृत्व करनेवाले पूज्य गुरुजी से लेकर प्रांत स्तर तक के सभी कार्यकर्ताओं की औसत आयु पच्चीस से पैंतीस वर्ष की थी। तब वकील साहब की उम्र केवल तीस वर्ष थी। परिस्थिति का सामना करने का हौसला कितनी विपुल मात्रा में इस युवक हृदय में विराजमान होगा, इसकी कल्पना करना कठिन नहीं। प्रहार असह्य था। ऐसी परिस्थिति

में मार्ग ढूँढ़ने की जिम्मेदारी ऐसे तरुणों के सिर पर थी। अपनी जिम्मेदारियों को वे समझते थे। उनके प्रत्येक निर्णय के साथ हजारों लोगों का भविष्य जुड़ा था, इसलिए अविकल सहनशीलता को उन्होंने स्वीकार कर लिया था। प्रतिबंध के बाद वकील साहब के लिए भूमिगत रहना आवश्यक था। तीबड़ी में एक खंडहर जैसे घर में तीन दिनों तक बंद रहना पड़ा, जिसमें पीने के पानी तथा शौच आदि की कोई सुविधा नहीं थी। जिज्ञासावश वकील साहब से, इस स्थिति में किस तरह रहे, यह प्रश्न पूछा जाता तो वे बड़ी सहजता से टाल देते।

इस प्रथम प्रतिबंध के समय इस निंदनीय आरोप पर स्वयंसेवकों की मन:स्थिति कैसी होगी? ऐसा प्रश्न किसीके भी मन में उठना स्वाभाविक है। इस संबंध में वकील साहब कभी-कभी बातचीत में कहते, 'सरकार की ओर से तीव्र कुप्रचार होते हुए भी स्वयंसेवकों के मन जरा भी विचलित नहीं हुए थे। उस समय भी कुछ करना चाहिए ऐसे जोश भरे स्वयंसेवक नहीं होंगे, ऐसा किस तरह कहा जा सकता है। उनमें भी व्यक्तिगत संपर्क द्वारा सत्याग्रह सफल होगा, ऐसा अटूट विश्वास भरना और उसके लिए उन्हें तैयार करना। इतना ही नहीं, उनके द्वारा किसी कार्य को कराने के लिए बड़ी लंबी यात्रा करनी पड़ती।' प्रतिबंध गलत था, द्वेषपूर्ण था, यह सभी जानते थे। इतना ही नहीं, गांधी-हत्या से पूर्व सरकार की ९ नवंबर के दिन हुई मंत्रिमंडल की बैठक की रिपोर्ट जो खुद सरकार ने ४ फरवरी, १९४८ के दिन संघ पर लगे प्रतिबंध की विज्ञप्ति में दी है। वह सहजता से कबूल करती है। 'संघ के विरुद्ध एक संस्था के रूप में कदम उठाने का समय अभी नहीं आया, ऐसा सर्वसम्मति से तय हुआ था। ज्यों-ज्यों ये सारे विषय बाहर आते गए वैसे-वैसे समाज सत्य को स्वीकारता गया।

संघर्ष का प्रारंभ

प्रतिबंध लगते समय पहला कार्य था—संघ शक्ति को सँभालकर रखना। जिसके लिए नित्य संपर्क पर बल दिया गया। अखाड़ा प्रवृत्ति द्वारा बॉलीबॉल क्लब, विचार-गोष्ठी, पुस्तकालय, प्रभात फेरी, भजन-कीर्तन-आरती और जिसे जहाँ अवसर मिले वही संपर्क बनाए रखने की योजना बनी। संघ ने

सरकार को स्पष्ट शब्दों में चुनौती दी, 'या तो आरोप सिद्ध करो या संघ पर से प्रतिबंध हटा लो।'

सरकार गलत आरोप किस तरह सिद्ध कर सकती थी ? आखिर संघ के सरसंघचालक सहित सबको बिना शर्त छोड़ दिया गया; परंतु प्रतिबंध न हटाया गया। सरकार अपनी गलती स्वीकारे इसके लिए संघ ने पूरा समय दिया। परंतु सरकार कुछ भी मानने को तैयार न थी, तब संघ ने सत्याग्रह का ऐलान किया। १३ नवंबर, १९४८ को गुरुजी को पुनः पकड़ लिया गया, जिसके कारण ९ दिसंबर, १९४८ को पूरे राष्ट्र में सत्याग्रह प्रारंभ हुआ। दो महीने तक चले इस सत्याग्रह में सोलह से पचहत्तर वर्ष की आयु के साठ हजार स्वयंसेवकों की धरपकड़ हुई।

इस सत्याग्रह से महात्मा गांधी का गुजरात भी पीछे नहीं रहा और उनकी ही शैली में व्यापक सत्याग्रह हुआ, जिसे असंभव माननेवाली कांग्रेस सरकार मात खा गई। जिसके पीछे कारण बताते हुए माननीय वकील साहब कहते, 'यह सत्याग्रह भावना की ऊँचाई को पार कर जाए इस स्वरूप का था। आग्रह के लिए लड़ाई नहीं थी, यह तो आत्मसमर्पण की भावना की लड़ाई थी।'

सत्याग्रह की तैयारियाँ चल रही थीं, तब प्रत्यक्ष सत्याग्रह से अधिक स्वयंसेवकों के उत्साह को बनाए रखना आवश्यक था। वकील साहब ने यह कार्य बड़ी कुशलतापूर्वक किया। हालाँकि उनकी पद्धति आकर्षक नहीं थी, परंतु प्रेरक अवश्य थी। बातचीत में जोश नहीं था, परंतु तर्क और होश अवश्य था। स्वयंसेवकों के सामने वे सभी पहलुओं का विश्लेषण करते और परिणामस्वरूप उन्हें निश्चित परिणाम मिलता। उस समय गुजरात में एक सौ तीस से एक सौ पैंतीस शाखाएँ थीं। पाँच सौ से छह सौ स्वयंसेवक सत्याग्रह में भाग लें, ऐसी योजना थी; परंतु अपेक्षा से अधिक सफलता मिली। नगरों एवं महानगरों में कोई स्थान बाकी न था। सत्याग्रहियों को चार से अठारह महीने की सश्रम सजा हुई।

सत्याग्रह का स्वरूप ही आकर्षक था। स्वयंसेवक सार्वजनिक स्थानों पर शिष्टतापूर्वक शाखा लगाते, मातृभूमि के कल्याण के लिए प्रार्थना करते तो पुलिस उन्हें पकड़ लेती। हजारों लोग सत्यांग्रहियों को विदाई देने के लिए

उपस्थित रहते। परंतु दु:ख इस बात का है कि इस प्रकार का शांतिपूर्ण सत्याग्रह होने के बाद भी समाचार-पत्रों के मुँह पर ताले लगे रहे। संघ का यह सत्याग्रह सरकारी कार्य में बाधा डालनेवाला नहीं था, परंतु स्व कष्ट सहकर सरकारी नेताओं की बुद्धि जाग्रत् करना ही था। संघ के अपने केंद्र के आदेश से सत्याग्रह २३ जनवरी को स्थगित कर दिया गया।

विजय का उत्साह

इस पूरे सत्याग्रह की सफलता का श्रेय है तो वकील साहब की कार्यपद्धति और उनके संपर्क माध्यम को। कारावास में गए स्वयंसेवक उम्र में किशोर थे, उनके परिवार नाराज भी थे। क्षमा माँगकर बाहर आने का दबाव भी डाल रहे थे, परंतु वकील साहब के पारिवारिक संबंध और पद्धति ने इन परिवारों के आक्रोश को शांत कर दिया। परिवारों के धैर्य को बनाए रखना भी बहुत बड़ा काम था। जहाँ एक ओर स्वयंसेवक राष्ट्र के लिए सबकुछ सहन करने को तैयार थे, वहीं परिवार अन्यों के लिए इस प्रकार की आफत लेने को तैयार न थे। इस स्थिति में वकील साहब ने सभी परिवारों को समझा-बुझाकर अपने साथ जोड़े रखा।

आखिर ११ जुलाई, १९४९ के दिन सरकार को संघ से बिना शर्त प्रतिबंध उठाना पड़ा। स्वयंसेवक जेलों से मुक्त हुए। चारों ओर फिर से उत्साह एवं आनंद का वातावरण छा गया। प्रतिबंध में न केवल संघर्ष शक्ति की परीक्षा हुई, अपितु नैतिकता को भी बल मिला। इसके बाद मिले शिविर को अभूतपूर्व सफलता मिली। कितनी कम उम्र में इतनी भारी सफलता का श्रेय कोई भी ले ले, परंतु वकील साहब के व्यवहार में ऐसा कुछ न दिखाई दिया और न ही किसीके प्रति द्वेष दिखाई दिया।

सबके मन में एक प्रश्न बार-बार उठ रहा था—प्रतिबंध के बाद संघ कार्य ठप्प हो जाएगा? परंतु यह आशंका निराधार रही। संघ कार्य उतने ही उत्साह एवं उमंग तथा पहले से भी अधिक व्यापकता से प्रारंभ हुआ। प्रतिबंध दूर होते ही सौराष्ट्र की कांग्रेस सरकार ने विज्ञप्ति प्रकाशित करने में विलंब किया। अत: ८ अगस्त को सौराष्ट्र में संघ कार्य का आरंभ हुआ। राजकोट में वकील साहब के हाथों ध्वजारोहण द्वारा इस पवित्र कार्य का पुनः आरंभ

हुआ। इस अवसर पर किसीके लिए कुछ न कहते हुए संघ की बात करते हुए उन्होंने कहा, 'हिंदू समाज को शक्तिसंपन्न करने के लिए ही संघ कार्य प्रारंभ रहेगा। देश के युवकों में एक-दूसरे के प्रति आत्मीयता का निर्माण हो और यह बढ़ती रहे, यही संघ का कार्य है।

□

स्फूर्ति केंद्र

वकील साहब गुणों के पुजारी थे और ऐसे अवसर जब उनके सामने आते थे तो वे उन अवसरों को जीवन का महामंत्र बना लेते थे। उनके जीवन विकास में प्रत्यक्ष या अप्रत्यक्ष रूप में देश के बहुमूल्य रत्न उनके जीवन में आए, जिससे अधिकतर लोगों को आश्चर्य होता है।

भारत के प्रथम राष्ट्रपति स्व. राजेंद्र प्रसाद ने बड़े गौरव से जिनका सम्मान किया और डॉ. राधाकृष्णन जैसे तत्त्वचिंतक ने जिन्हें आधुनिक युग का पंडित कहा; दूसरे थे पं. सातवलेकरजी।

पं. सातवलेकरजी और वकील साहब दोनों सतारा की भूमि से जुड़े थे। एक की कर्मभूमि, तो दूसरे की जन्मभूमि थी। दोनों सतारा के स्वयंसेवक और दोनों सतारा में ही संघ कार्य करने लगे। औंध में पंडितजी ने संघ कार्य प्रारंभ किया, जो कि सतारा से थोड़े अंतर पर आया हुआ गाँव है। जिस गाँव की जनसंख्या उस समय दो हजार पाँच सौ से तीन हजार के बीच थी। इस छोटे से गाँव में पंडितजी माननीय संघचालक के रूप में शाखा की जिम्मेदारी सँभालते थे। उनके प्रयत्न से वहाँ तीन अच्छी शाखाएँ चलती थीं, जिनमें से एक हरिजन क्षेत्र में चलती थी। सन् १९३५-४० का वर्ष, उच्च ब्राह्मण परिवार में जनमा व्यक्ति और हरिजनवास में शाखा चलाकर प्रत्येक घर से पारिवारिक संबंध रखे तब उसमें संघ विचार कितनी तादाद में होगा, इसका अंदाजा लगाना मुश्किल है। इन दिनों भी पंडितजी का कार्यक्षेत्र और व्यक्तित्व बहुत बड़ा था। संघ कार्य के लिए स्वाभाविक तौर पर वकील साहब के साथ

उनका संपर्क बढ़ता रहा। यह संबंध आखिर तक बढ़ता ही गया। अंत में दोनों की कर्मभूमि भी संयोग से गुजरात ही बनी।

क्रियासिद्धि : सत्त्वे भवति महतां नोपकरणे

वकील साहब राष्ट्र को महान् बनाने के संकल्प की पूर्ति के लिए संघ कार्य को जीवन कार्य का व्रत बनाकर गुजरात आए और कार्य का प्रारंभ बलसाड़ जिले से किया। पंडितजी की कर्मभूमि औंध स्वाध्याय मंडल के उनकी प्रवृत्ति के कारण सुप्रसिद्ध हुई थी। वेदों का अभ्यास, प्रचार और राष्ट्रीय स्वयंसेवक संघ की शाखा—यही उनके जीवन कार्य बने थे। देश के विद्वानों में उनकी गिनती होती थी। इस देश की संस्कृति के साथ एकरूप हुए सबके लिए अपार गौरव का अनुभव करते थे। सामाजिक सम्मान के शिखर एवं वृद्धावस्था पर पहुँचे सातवलेकरजी के जीवन में अस्सी वर्ष की उम्र में बहुत बड़ी मुसीबत आई। गांधी-हत्या के बाद संघ पर झूठे आरोप द्वारा प्रतिबंध लगाया गया। महाराष्ट्र में अनेक स्थानों पर संघ के कार्यकर्ताओं पर हमले हुए। पंडितजी भी संघ के अधिकारी थे। कुछ लोगों ने उनकी जीवन भर की साधना को धूल में मिला दिया। देश के उच्च लोगों के मन में आदर का स्थान रखनेवाले औंध के स्वाध्याय मंडल को जला दिया। परिणामस्वरूप पंडितजी को औंध छोड़ना पड़ा; परंतु उन्होंने संघ विचार और कार्य न छोड़ा। वे भी वकील साहब की तरह बलसाड़ जिले के पारड़ी में आ बसे। १ जुलाई, १९४८ से औंध में चलती स्वाध्याय मंडल की चलती प्रवृत्तियाँ पारड़ी में पूर्ववत् प्रारंभ कीं। अस्सी वर्ष की आयु में भी पंडितजी नित्य शाखा में जाने के आग्रही थे और फिर कोई स्वयंसेवक शाखा में न आया हो तो उसके घर पूछताछ के लिए जाने में चूकते न थे। पुनः हरिॐ कहकर प्रारंभ किया गया, स्वाध्याय मंडल प्रगति करने लगा। ९-१० जनवरी, १९५४ के दिन उसका रजत जयंती समारोह पारड़ी में मनाया गया। उस समय इस समारोह की व्यवस्था, स्वाध्याय मंडल को आर्थिक सहायता आदि सभी कामों में वकील साहब उनके बहुत ही करीब रहे।

अस्सी वर्ष की आयु में यह जवान औंध से इतनी दूर पारड़ी में अपनी संस्था लेकर आया। सीधी देहयष्टि, देदीप्यमान मुखमंडल, कुशाग्र बुद्धि,

गंभीर और बुलंद आवाज, अगाध कार्यशक्ति, महत्त्वाकांक्षा एवं अखंड आशा आदि के सात्त्विक भावों से परिपूर्ण जीवन दृष्टि पंडितजी के अखंड यौवन की प्रमाण थी। वे पूरे एक सौ तीन वर्ष जिए।

१९ सितंबर, १९६६ के दिन पंडितजी ने सौवें वर्ष में प्रवेश किया, तब पारड़ी के स्वाध्याय मंडल में संघ के कार्यकर्ताओं और अधिकारियों ने पवित्र वातावरण में एक शुभेच्छा समारोह मनाया। सार्वजनिक जीवन में पंडितजी का स्थान इतना ऊँचा था। उससे कई गुना ऊँचा वकील साहब के हृदय में था। वकील साहब के प्रयत्नों से उनकी जन्म शताब्दी में एक बड़ा समारोह मनाया गया।

६ अक्तूबर, १९६६ के दिन इस सार्वजनिक समारोह में परम पूज्य गुरुजी विशेष उपस्थित रहे। देश के विद्वानों के प्रेरणामूर्ति एवं संघ के एक संघर्षशील स्वयंसेवक के जन्म शताब्दी के समय परम पूज्य गुरुजी ने कहा, 'पंडितजी के जीवन में क्रांतिकारिता, स्वाध्यायशीलता और दीर्घ ज्ञानसंपन्नता का संगम देखने को मिलता है। उन्होंने वेदों का अभ्यास किया; परंतु अभ्यास करके बैठे नहीं रहे, उसे अपने जीवन में प्रत्यक्ष कर दिखाया। उनके जीवन का सिद्धांत है—सत्कर्म करना, योग्य कर्म करना और हमेशा कर्मशील रहना।'

कार्य चेतना की प्रेरणा

वकील साहब के मार्गदर्शन में और स्वयंसेवकों के प्रयत्न से अमदाबाद में भी एक बड़ा सत्कार समारोह मनाया गया, जिसमें गुजरात की प्रजा की ओर से पंडितजी को सम्मान-पत्र दिया गया। इस अवसर पर भी उपस्थित रहने के लिए परम पूज्य गुरुजी विशेष रूप से अमदाबाद आए थे। वकील साहब के जीवन में पंडितजी का कितना ऊँचा स्थान था, यह इन शब्दों में देखा जा सकता है, 'पं. सातवलेकरजी के सान्निध्य में जितनी बार आने का अवसर मिला है, उसमें दो-तीन प्रेरणात्मक विषय मैं प्राप्त कर चुका हूँ। कार्य की चेतना में मग्न रहना, जीवन में कितनी भी निराशा क्यों न आए, कर्ममय जीवन ही निराशा को दूर कर सकता है। जीवन के निश्चित किए गए ध्येय पर अंतिम क्षणों तक कर्ममग्न रहना। जीवन में वृद्धावस्था अनिवार्य है; परंतु उस अवस्था में भी कभी थकान का अनुभव न करना। पंडितजी के

जीवन के ये वे बहुमूल्य रत्न हैं जो वकील साहब ने पाए।

३१ जुलाई, १९६८ के दिन उन्होंने अपने कर्ममय जीवन को चिरविराम दिया; परंतु वकील साहब के जीवन के लिए यह अपार क्षति थी, जिसकी पूर्ति असंभव थी। एक महान् व्यक्ति की चिर विदाई, एक कर्मयोगी की चिर विदाई, एक ऋषि की चिर विदाई। पारड़ी एक स्फूर्ति केंद्र था। पंडितजी की विदाई ने स्फूर्ति के उस प्रवाह को बाँध दिया।

□

भाषावाद का भस्मासुर

भाषावार प्रांत रचना के विचार से ही गुजरात में महागुजरात का आंदोलन प्रारंभ हुआ। सन् १९५६-५७ के आंदोलन का विस्तार सौराष्ट्र तक फैला था। सरकारी हिंसा और प्रतिहिंसा की तीव्रता से स्वतंत्र भारत की जनता को भारी झटका लगा। इस आंदोलन का नेतृत्व अधिकतर समाजवादी विचारों के युवकों के हाथ में था। कुछ विद्यार्थी-नेताओं को आगे कर संपूर्ण विद्यार्थी समाज को जोड़ने का प्रयास हुआ और उसके द्वारा आंदोलन को गुजरात भर में फैलाने का प्रयास किया गया। अलग महागुजरात की माँग और मुंबई में गुजराती समाज पर हमले के समाचारों ने गुजरात के लोगों की भावनाओं को उत्तेजित कर दिया था। इसमें सामान्य जनता का योगदान बहुत बड़ा था। वातावरण लंबे समय तक बहुत उत्तेजित रहा। प्रांतवाद की भावना ने लोक-मन को भयानक रूप से अपने शिकंजे में जकड़ लिया।

एक ओर राष्ट्रवाद की रटंत लगाते हुए स्वयंसेवकों के संस्कार तो दूसरी ओर चारों ओर उत्तेजित वातावरण। इतना ही नहीं, महात्मा गांधी की हत्या के बाद कांग्रेस के व्यवहार ने स्वयंसेवकों को बराबर ठेस पहुँचाई थी। इस आंदोलन से इसका बदला लेना बहुत सरल था। ऐसे क्षणों में व्यक्ति या संस्था अपने स्वार्थ में डूबी होती है। वह क्या नहीं कर सकती? परंतु स्वयंसेवक तो भिन्न माटी के थे। महागुजरात आंदोलन के दो-तीन वर्ष पूर्व ही वकील साहब गुजरात के प्रांत प्रचारक बने थे। जबकि उनकी आयु अभी पैंतीस वर्ष भी नहीं थी और उनके कंधों पर यह बड़ी जिम्मेदारी

आ पड़ी। ऐसी विषम परिस्थिति में भी राष्ट्रीय दृष्टिकोण से ही विचार किया। संघ के स्वयंसेवक इस आंदोलन से अलिप्त रहे और राष्ट्रीय एकता का मार्ग खतरनाक बने, ऐसी योजनाओं के शिकंजे में फँस न जाए, इसकी पूरी सावधानी रखना आवश्यक था। यदि संगठन-हित की दृष्टि से वकील साहब ने विचार किया होता और महागुजरात के आंदोलन में जुड़ गए होते तो उन दिनों संघ की शक्ति को नकार सके, ऐसा कोई बल न था। और इन सब में संघ प्रभावशाली भूमिका निभा सकता था; परंतु उन्होंने राष्ट्रहित में कुछ न होने दिया।

नाजुक क्षण

एक आंदोलन के विरोध में एक भी शब्द कहनेवाले की क्या हालत होती है, इसके प्रत्यक्ष प्रमाण श्री मोरारजी भाई थे। गाँव-गाँव में उनके पुतले जलाए गए। संघ का स्वयंसेवक तो प्रमाण में छोटा, फिर भी ऐसे विरोध की आँधी में भी अलग खड़ा रहा। उत्तेजना के ऐसे क्षणों में किसी भी संगठन के लिए आंतरिक मुसीबत आने में देर नहीं लगती। और जबकि 'संघ मराठाओं का है', ऐसा कहा जाता हो तब तो इस संभावना के अधिक तीव्र होने में समय न लगे। भाषावार प्रांत रचना से राष्ट्रीय एकात्मता के लिए ऐसा भय खड़ा होने की संभावना है, यह बात करने की जिम्मेदारी वकील साहब के जिम्मे थी। वे मूलत: संघ कार्य के लिए यहाँ आए। परंतु तत्त्वनिष्ठ व्यवहार के कारण राष्ट्रीय दृष्टिकोण की बात स्वयंसेवकों को समझाने में उन्हें जरा भी कठिनाई न आई। इतना ही नहीं, यदि संगठन को सहन भी करना पड़े तो स्वयंसेवकों में यह सहन करने की भावना भी जगा सके। वडोदरा में गुजराती और मराठी दोनों का प्रभुत्व है। अत: आंदोलन की भावना अधिक तीव्र होना स्वाभाविक था। उन दिनों गुजराती स्वयंसेवकों को कुछ आंदोलन समर्थक गुमराह गुजराती के रूप में पहचानते थे। वकील साहब कहते, 'उन दिनों संघ की शक्ति इतनी विस्तृत न थी कि सामने से आते प्रवाह को बदल सके।' भाषावार प्रांत रचना के संबंध में वे कहते, 'किसी भी व्यवस्था को खड़ी करने से पहले सबको इस बात को स्वीकार करके आगे चलना चाहिए कि भारत एक राष्ट्र है, उसकी एक प्रजा है और उसकी एक संस्कृति है।

राज्य तो केवल प्रशासनिक सुविधा का अंग हो सकता है, जिससे अच्छा प्रशासन चलाया जा सके। इस तरह राज्यों की रचना करनी चाहिए।' स्वयंसेवकों के साथ जब चर्चा होती तो वे कहते, 'किसी-न-किसी रूप में प्रशासनिक रचना तो करनी पड़ेगी, परंतु केवल भाषा को ही आधार रखने से राष्ट्रीय एकता को हानि होगी। राज्य की रचना करते समय लोगों की भावना उत्तेजित हो, ऐसे मुद्दे केंद्र में रखने से लाभ नहीं होगा, बल्कि राष्ट्रीय एकता को हानि होगी। राज्य की रचना आवश्यक है, परंतु उससे प्रांतवाद या भाषावाद का उद्भव हो, यह ठीक नहीं। भौगोलिक रचना, आर्थिक परिस्थिति की उत्पत्ति के साधन, बारिश, नहरें आदि सुविधाएँ, जनसंख्या आदि अनेक आधारों के बिना केवल भाषावार प्रांत रचना से विकास नहीं किया तो आगे चलकर नई समस्याएँ खड़ी होंगी।'

एकात्मता का शासन

भाषावार प्रांत रचना से होनेवाले संकटों के संबंध में राष्ट्रीय स्वयंसेवक संघ ने भी अधिकृत रूप से आगाह किया था। पूज्य श्री गुरुजी 'एकात्मता शासन' को भारत के लिए श्रेष्ठ शासन पद्धति मानते थे। उससे राष्ट्रीय एकात्मता भी बनी रहती और कम खर्चीला प्रशासन भी संभव होता। ऐसे एकात्म शासनवाले राज्य को अनेक प्रशासनिक विभागों में बाँटा जा सकता है।

उत्तेजना के उन दिनों में परम पूज्य गुरुजी का इक्यावनवाँ जन्मदिन मनाने का कार्यक्रम हुआ। गुजराती-मराठी की भावना तीव्र बनी हुई थी। गुजरात से इक्यावन हजार रुपए की थैली देने का गुजरात के स्वयंसेवकों ने निश्चय किया था। इस कार्यक्रम को सफल बनाना सरल न था। इसमें स्वयंसेवकों और नेतृत्व की परीक्षा तो थी ही, स्वयंसेवकों के हृदय में भाषावाद और प्रांतीयता का विचार अंशमात्र भी न था और राष्ट्रीयता का भाव प्रज्वलित हो, तभी यह संभव था। गुजरात के स्वयंसेवकों के लिए यह प्रसंग केवल रुपए एकत्रित कर अर्पित करने का न था, बल्कि राष्ट्र भक्ति और राष्ट्रीय दृष्टिकोण को कदम-कदम पर कसौटी पर चढ़ाना था। संघ के स्वयंसेवकों ने पूरी तरह विश्वास प्रतिपादित किया था। इस प्रसंग पर गुजरात के अनेक

महानुभाव इसमें सहभागी हुए और इक्यावन हजार के स्थान पर पैंसठ हजार की थैली अर्पित की गई।

इस भाषावाद और प्रांतवाद में भी संघ का राष्ट्रवाद पूरी निष्ठा, विश्वसनीयता और स्वयंसेवकों के सामान्य व्यवहार से तैयार की गई पूँजी की तरह था।

□

साँच को आँच नहीं

आजादी पूर्व से ही अमदाबाद सांप्रदायिक रंग में रँगा हुआ था। यहाँ बार-बार दंगे होते और हिंदू समाज को बहुत कुछ सहन करना पड़ता। जान-माल की हानि तो होती ही, इन दंगों में हिंदुओं को बड़ी संख्या में मौत के घाट उतार दिया जाता था। सामान्य परिस्थिति में भी हिंदू समाज बहुत डरकर ही रहता था।

हिंदू समाज ने भी मानो मन से इस परिस्थिति को स्वीकार कर लिया था। शांति और भाईचारे की बात करने में भी वह कभी पीछे न हटता। हिंदू कौम के इस सहनशील स्वभाव को मुसलिम समाज दुर्बलता समझता और उसका पूरा-पूरा लाभ उठाता। हमारे देश में दंगों की कुछ परिस्थिति भी ऐसी रही है कि जहाँ तक हिंदू समाज प्रतिकार न करे वहाँ तक राजनीतिक क्षेत्र भी चुप्पी साधे रहता है। परिणामस्वरूप हिंदुओं के मरने पर 'हमारा कोई नहीं' ऐसी धारणा घर कर जाती है, और ऐसा होना स्वाभाविक भी है।

इस पार्श्वभूमि में गुजरात में, विशेषकर अमदाबाद में सन् १९६९ में बड़े पैमाने पर सांप्रदायिक दंगे हुए। भूतकाल में इसकी कल्पना भी नहीं की जा सकती। दाल-भात खाकर शांत रहनेवाले इस गुजरात को क्या हो गया है, यह चर्चा पूरे देश में होने लगी। १८ सितंबर, १९६९ के इस सांप्रदायिक दंगे का कारण सामान्य जनमानस को छू गया था। भगवान् जगन्नाथजी हमारे इष्टदेव हैं और ऐसे जगन्नाथ मंदिर पर हमला होने से आमजन के हृदय को भारी चोट पहुँची। हालाँकि यह तो एक घटना मात्र ही थी। इससे पूर्व भी

लोगों के मन पर कई गंभीर विषयों का तीव्र प्रभाव था। ऐसी विकट स्थिति का निर्माण करने में 'हजरत बल' की घटना के नाम से किए गए व्यापक दंगे, अल अकशा मसजिद के नाम से देश भर में निकाले गए विरोधी जुलूस, उसमें अन्य कौमों के विरुद्ध किए गए सूत्रोच्चार, अमदाबाद में कालूपुर विस्तार में 'रामायण' को ठोकर मारने की घटना और उससे धर्मप्रिय जनता को लगी गहरी चोट जैसी अनेक घटनाओं से लोगों के मन व्यथित तो थे ही, मंदिर पर हुए हमले ने चिनगारी देने का काम किया।

इन दंगों ने गुजरात के जनजीवन को हिलाकर रख दिया। भारी आर्थिक हानि, मानव हत्याएँ—ये सब दानवता का रौद्र रूप था। ऐसी विकट परिस्थिति में भी राजनीतिक खिचड़ी पकानेवाले तत्त्वों ने मानवता को छोड़कर कुमार्ग की ओर झुकने का प्रयास किया और फिर कांग्रेस विभाजन के बाद इंडीकेट, साम्यवादी एवं मुसलिम लीग के त्रिकोण पर खड़ी होकर इस अवसर का पूरा लाभ उठाने का प्रयास कर रही थी। संघ ने भूतकाल में भी ऐसे झूठे प्रचार की चिंता नहीं की। संघ के स्वयंसेवकों पर पुलिस दमन का सहारा लिया गया था, फिर भी वकील साहब बड़ी तत्परता से स्वयंसेवकों का मार्गदर्शन करते रहे। इस स्थिति में भी किसीके विरुद्ध कुछ न कहते हुए समाज पर यह आपत्ति आई है, तब समाज के सुख-दुःख में सहभागी होने की सबको प्रेरणा देते रहे। जिनके घरों को लूट लिया गया था उनकी निवास व्यवस्था, उनके लिए भोजन प्रबंध, उपचार की व्यवस्था आदि के लिए दौड़ते रहे। संघ स्वयंसेवकों द्वारा चलाए इन सेवा कार्यों की सुगंध सामान्य जनमानस में फैल गई थी। दंगे की यह पूरी घटना, उसका स्वरूप और प्रसार पूर्व नियोजित था, इसमें कोई शक नहीं। परंतु इसे सिद्ध करना आवश्यक था। आखिरकार वकील साहब के अनेक यत्नों से भिन्न-भिन्न क्षेत्रों से न्यायिक जाँच का दबाव बढ़ा, तब सरकार ने जस्टिस जगमोहन रेड्डी की अध्यक्षता में न्याय पंच का गठन किया। संघ की भूमिका एवं संघ का व्यवहार इतना स्पष्ट होने के बावजूद कमीशन के समक्ष केस पड़ा था, फिर भी राजनीतिज्ञों एवं सरकार की ओर से बेलगाम आरोप लगते ही रहे और संघ पर प्रतिबंध लगाने की बातें प्रारंभ हुईं। लेकिन अनेक बुद्धिजीवियों ने इस आरोप को निराधार बताकर संघ को निर्दोष बताया।

इस परिस्थिति में अदालती जाँच पंच सत्य सिद्ध करे, उसके साथ-साथ प्रजा को भी सही जानकारी देना भी आवश्यक था। सन् १९७० में १५ अगस्त से एक पखवाड़े का संपर्क कार्यक्रम का आयोजन रखा गया। जिसमें स्वयंसेवकों ने गुजरात के चप्पे-चप्पे को छान मारा। वकील साहब की योजना शक्ति के कारण लोक-मन के निर्माण के अतिरिक्त संघ कार्य के विकास में भी बहुत लाभ मिला। उस समय अगस्त १९७० में वकील साहब ने एक अखबारी विज्ञप्ति द्वारा संघ की भूमिका स्पष्ट करते हुए कहा, 'कितने ही समय से सरकार अपने तंत्र द्वारा राष्ट्रीय स्वयंसेवक संघ के विरुद्ध भ्रामक प्रचार चला रही है। यह प्रचार केवल राजनीतिक उद्देश्य से चलाया गया है। संघ एक सांस्कृतिक संगठन है, जिसका राजनीति से कोई संबंध नहीं। संघ तो जाति, पंथ, भाषा, क्षेत्र और उपासना पद्धति की सभी भावनाओं से ऊपर उठकर कार्य कर रहा है। संघ कार्य का लक्ष्य समस्त हिंदू समाज में स्वस्थ सामाजिक चेतना, समष्टिभाव और अनुशासन निर्माण करना है। आसेतु हिमालय एकात्मता के संस्कार निर्माण करने का काम संघ शाखा एवं प्रासंगिक कार्यक्रमों द्वारा किया जाता है।'

अमदाबाद के दंगों के उन दिनों में संघ की शाखाओं में उत्तरोत्तर वृद्धि हुई और उनमें संख्या भी तेजी से बढ़ने लगी। अत: जब कार्यकर्ताओं के मन में संघ कार्य की प्रगति पर संतोष झलकता तब वकील साहब सहजता से कहते, 'भाई, यह तो उबाल है, आनेवाले लोग प्रतिक्रिया के कारण आ रहे हैं। प्रतिक्रिया से कभी कोई बड़ा काम नहीं हो सकता। हमारा काम तो हिंदू संगठन करना है। यह सही हिंदुत्व नहीं।' संघ कार्य को न समझ सकनेवाले लोगों को निर्देश कर वकील साहब ने अपने संभाषण में कहा था, 'कई बार हिंदू-मुसलिम लड़ाई, क्रिश्चियनों की लड़ाई या किसी मंदिर के लिए सरकार कोई अन्याय करती है, ऐसे तत्कालीन कारणों में लोग जोश में आकर काम करते हैं; परंतु यह सही हिंदुत्व नहीं। इस हिंदुत्व से हिंदू समाज जागेगा नहीं। किस कौम के कितने लोग मरे, यह सही भूमिका नहीं। हम अपने पथ से विचलित न हों इसकी अनुभूति भी समाज को होनी चाहिए।'

आखिर बहुत लंबी प्रतीक्षा के बाद जाँच अधिकारियों ने अपना निर्णय

प्रकट किया। यह निर्णय सभी भ्रांत धारणाओं को मात देनेवाला सिद्ध हुआ। लगाए गए मिथ्या आरोप झूठे सिद्ध हुए और सन् १९६९ के इस दंगे में कमीशन के निर्णय में संघ का कोई भी स्वयंसेवक जरा भी दोषी नहीं पाया गया।

अपने स्वार्थ की खातिर संघ पर बेबुनियाद आरोप लगानेवालों के लिए यह निर्णय बहुत बड़ा सबक था। वैसे भी संघ के साठ वर्ष के उज्ज्वल इतिहास को देखते हुए ये आरोप सूर्य को दीपक दिखानेवाले साबित हुए। विरोधियों के मुँह पर ताले लग गए। बावजूद इसके, वकील साहब ने किसी व्यक्ति या संस्था के लिए कोई कटु या अप्रिय वक्तव्य नहीं दिया। □

मूल्यों की सुरक्षा

स्वतंत्रता के पश्चात् गुजरात नवनिर्माण आंदोलन के कारण अपेक्षाकृत अधिक सबल हुआ है। स्वतंत्र भारत के इतिहास में नवनिर्माण आंदोलन राजनीतिक क्षेत्र में हुए किसी भी आंदोलन से एक नया प्रभाव पैदा करनेवाला रहा है। इस आंदोलन के साथ जैसे अनेक विजयी जुड़े हैं वैसे ही बलिदानों की परंपरा भी जुड़ी है। अमदाबाद में सौ से अधिक जवानों ने मौत का आलिंगन किया था। गुजरात के सौ से भी ज्यादा गाँव कर्फ्यू के बीच सिसकियाँ ले रहे थे। आबालवृद्धनारीनर सभी उसमें सक्रिय रूप से सहभागी बने थे। क्या गाँव, क्या शहर, क्या अनपढ़, क्या शिक्षित, चाहे बार एसोसिएशन हो या व्यापारी सभी उसमें कूद पड़े थे। आंदोलन के केंद्र में मूलतः विद्यार्थी नेतृत्व बाहर आया था। आज तक मजदूरों को क्रांति शक्ति के रूप में माननेवाले वामपंथी भी अब विद्यार्थी शक्ति को स्वीकारने लगे थे। वृद्ध नेता जयप्रकाश नारायण पुनः प्रजा का नेतृत्व करने के लिए प्रेरित हुए। ऐसे अनेक पहलू इस आंदोलन के साथ जुड़े थे।

मूल्यों का ह्रास

किसीके मन में भी विचार आ सकता है कि इस आंदोलन ने ऐसा स्वरूप क्यों धारण किया? संक्षेप में कहा जाए तो उसमें सार्वजनिक जीवन का ह्रास कर सत्तालोलुप ताकतें, विशेषकर कांग्रेस की रीति-नीति के लोगों ने जो माहौल खड़ा कर दिया था, उसके विरोध का ही यह प्रतिबिंब था। नवनिर्माण

आंदोलन के दो वर्ष पूर्व १६ जून, १९७१ के दिन अमेरिका स्थित एक स्वयंसेवक श्री महेशभाई मेहता को एक पत्र में वकील साहब ने लिखा है, 'इस वर्ष गुजरात का राजनीतिक जीवन बहुत ही चरमरा गया है। 'आया राम गया राम' की परंपरा गुजरात में भी प्रारंभ हो गई है। तत्त्व की अपेक्षा व्यक्तिवाद का मोहरा गुजरात कांग्रेस भी बनी, जो केंद्र में हुआ वह गुजरात में भी हुआ। मेरी दृष्टि से इस प्रकार की धृष्टता नेता ही कर सकते हैं। क्योंकि सामान्य जनमानस पर इसका बुरा प्रभाव पड़ेगा ऐसा डर तो उन्हें है ही नहीं। सामान्य जनता को जाति के नाम से, पैसे के लालच से, सत्ता के भय से मना लेंगे या ठीक कर लेंगे, ऐसा अपने मन में सोचते होंगे।' कांग्रेस की कार्यशैली देखते हुए वकील साहब की भविष्यवाणी कितनी सही थी, यह इतिहास ने सिद्ध किया है। आजादी की लड़ाई का संपूर्ण श्रेय खुद लेनेवाली कांग्रेस सत्ता की मालिक भी खुद रही। प्रारंभ में मूल्यनिष्ठ राजनीतिज्ञों के कारण लोगों के असंतोष का स्वरूप भिन्न प्रकार का था; परंतु धीरे-धीरे राजनीतिक नेताओं के स्तर में आई गिरावट और सत्ता के नशे के कारण व्याप्त सड़ाँध पर अंकुश लग सके, ऐसी किसी ताकत का देश में विकास नहीं हुआ। जिसमें कांग्रेस की सफलता और लोकतंत्र का पतन देखे बगैर नहीं रहा जा सकता। सन् १९६९ के कांग्रेस विभाजन के बाद तो इसने कुछ अलग ही रूप धारण किया। येन-केन-प्रकारेण सत्ता से चिपके रहने का ही ध्येय बनकर रह गया और राजनीति के अखाड़े में प्रजा के चुने हुए प्रतिनिधियों की खुले में नीलामी होने लगी।

परंतु गांधी की छत्रच्छाया में पला गुजरात यह सब सहन करने को तैयार न था। वकील साहब कहते, 'गुजरात में सार्वजनिक जीवन को लोग एक विशेष मापदंड से देखने के आदी हैं। यहाँ अभी भी गांधी की छाया है। विधानसभा में चुने गए प्रतिनिधियों की नीलामी को गुजरात की प्रजा सहन कर ले, यह बहुत बड़ा आश्चर्य है।' गुजरातवासियों की मानसिकता पहचाननेवाले वकील साहब का दर्शन केवल नवनिर्माण आंदोलन तक ही सीमित नहीं, बल्कि अन्य प्रसंगों पर भी देखा जा सकता है।

आंदोलन के आर-पार

वकील साहब आंदोलन का मूल्यांकन भी मूल्य-निष्ठा से ही करते थे।

आंदोलन की तीव्रता देखते हुए उसे सफलता तो मिलेगी ही, परंतु उसका हेतु और ध्येय भी उच्च होना चाहिए। इस आंदोलन से केवल प्रसिद्धि द्वारा ही सिद्धि प्राप्त नहीं करनी है। एक ऐसा प्रयत्न करना होगा कि जिससे समाज में प्राणशक्ति निर्मित हो। आंदोलन के उन दिनों में विद्यार्थी परिषद् के कार्यकर्ता भी सक्रिय थे। उनके साथ भी बात करते हुए इस आंदोलन के दौरान अनेक प्रतिभाशाली युवक संपर्क में आएँगे। उनमें निहित गुणों को भाँपकर उन गुणों का और विकास हो, इसपर भी ध्यान देना चाहिए।

निर्माण आंदोलन को निरंतर जाग्रत् रखने के लिए लोग भिन्न-भिन्न प्रकार के कार्यक्रम करते थे। इन कार्यक्रमों में कई तो श्रेष्ठ थे, परंतु कई निम्न स्तर के थे। उच्च मूल्यों के लिए आंदोलन और निम्न कक्षा के कार्यक्रमों में कोई मेल नहीं, ऐसा वकील साहब मानते थे। और मानते थे कि कार्यक्रम में नवीनता आवश्यक है; परंतु उस कार्यक्रम से समाज और आंदोलन की शोभा बढ़नी चाहिए। केवल नवीनता के लिए नवीनता होगी तो परिषद् के लोग भी उस नवीनता में खिंच आएँगे, जिसका कोई अर्थ नहीं। विद्यार्थी परिषद् के कार्यकर्ता वकील साहब के संस्कारों की प्रक्रिया से परिचित थे, अतः उन्हें यह विचार समझने में कठिनाई महसूस न हुई।

कटु परंतु पथ्यकर

नवनिर्माण आंदोलन ने जनमानस को झकझोर दिया। आंदोलन को बहुत बड़ी सफलता भी मिली थी; परंतु जिस ध्येय और निष्ठा से इसका आरंभ हुआ था वह स्वार्थ में लिपटकर रह गया। विद्यार्थी जगत् अपने त्याग की कीमत माँगने लगा और बगैर परीक्षा दिए मास प्रमोशन की माँग उठी। वकील साहब की दृष्टि में यह भी एक सामूहिक भ्रष्टाचार का स्वरूप था। वकील साहब की इस बात से परिषद् के कार्यकर्ताओं को शक्ति मिली और वे सामूहिक रूप से इसके विरोध में बाहर आए। जिससे उन्हें संगठन के रूप में काफी हानि उठानी पड़ी; परंतु मास प्रमोशन का निर्णय गुजरात के शैक्षिक जगत् पर उलटा प्रभाव डालेगा और शिक्षा जगत् में एक और नया दोष जुड़ेगा।

नवनिर्माण आंदोलन से मुख्यमंत्री के त्यागपत्र से विधानसभा विसर्जन

तक की सभी माँगें स्वीकृत हो गई थीं; परंतु कांग्रेस के अनुकूल वातावरण निर्मित न होने तक केंद्र सरकार चुनाव कराने को तैयार न थी। इन परिस्थितियों में श्री मोरारजी भाई ने तुरंत चुनाव के लिए अनिश्चितकाल के उपवास का बीड़ा उठाया, जिसका राजनीतिक क्षेत्र एवं आनेवाले चुनाव पर विशेष प्रभाव पड़ना स्वाभाविक था। ऐसी परिस्थिति में विरोधी पक्ष सहित सभी राजनीतिक नेता मोरारजी भाई के उपवास को शंका की दृष्टि से देखते थे; जबकि वकील साहब के सोचने की दिशा भिन्न थी। वे कहते, 'कुछ भी हो, मोरारजी भाई लोगों के बीच आकर बैठे हैं, यही उनमें सबसे बड़ा परिवर्तन है।' अंततः सरकार को चुनाव कराना ही पड़ा।

नए प्रयोग का प्रारंभ

एक बात तो पूर्णतः सत्य थी कि बिखरा हुआ विरोधी पक्ष अधिक वोट पाने के बाद भी सत्ता से दूर रह जाता था। अतः लोकतंत्र की रक्षा के लिए विपक्ष को एक-दूसरे से तालमेल करना अनिवार्य था। जिसके लिए कुछ खोना पड़े तो भी मोरचा बनाया जाए। इस तरह राजनीतिक क्षेत्र में एक नए जनता मोरचा का उदय हुआ।

इस जनता मोरचा में जनसंघ भी एक महत्त्वपूर्ण भागीदार था। उस समय के वातावरण को देखते विजय की संभावना भी अधिक थी। अतः चुनाव लड़ने की इच्छा रखनेवालों की कहीं कोई कमी नहीं थी। चुनाव में जीतना महत्त्व का विषय नहीं था, परंतु जीतनेवाले कौन हैं, उनका स्तर क्या है, संगठन के ध्येय को कौन सँभाल सकेगा? इन पहलुओं पर भी ध्यान रखना आवश्यक था।

चुनाव के परिणाम विपक्ष के लिए उत्साहपूर्ण थे; परंतु संतोषकारक नहीं; क्योंकि जनता मोरचा को स्पष्ट बहुमत न मिला। इस परिस्थिति में यदि मोरचे को सत्ता में आना है तो अन्य पक्षों का समर्थन लेना आवश्यक था। उसके लिए भी 'किम लोप' और उसके नेता श्री चिमनभाई पटेल का सहयोग अत्यंत आवश्यक था। अतः मोरचे के एक नेता चुपके से चिमनभाई पटेल से मिलने गए और उन्हें पिछले दरवाजे से भागना पड़ा। यह समाचार अखबारों में प्रकाशित हुआ। उन दिनों वकील साहब के लिए राजनीतिक कार्यकर्ताओं

से मिलना सहज रहता था और इस घटना की चर्चा करते समय वकील साहब स्पष्ट कहते, 'यदि तुम्हें सत्ता में आना हो और समर्थन लेना ही पड़े तो प्रजा के विश्वास के साथ खुलकर बाहर आना चाहिए। चुपके से कुछ भी करने से हानि ही होगी।'

सत्ता समाज के लिए

आखिर १९ जून को जनता मोरचा की सरकार बनी। मंत्रिमंडल में जनसंघ भागीदार बना। तब मंत्रिमंडल में कौन रहे, इसकी चर्चा चल रही थी। राजकोट से विजयी श्री अरविंद भाई मणियार को प्रशासनिक अनुभव था, केशुभाई पटेल सहित सबका यह मानना था। केशुभाई अरविंद भाई का नाम सुझाते और अरविंद भाई केशुभाई का; परंतु दोनों में से कोई भी मंत्रिमंडल में जुड़ने को तैयार नहीं था। तब बात वकील साहब के पास आई। उन्होंने कहा, 'आप सभी अनुभवी कार्यकर्ता हैं। अत: ठीक ही विचार किया होगा; परंतु मेरी राय ले रहे हैं तो अपना देश गाँवों का देश है, गाँव के लोगों को लगे कि सरकार में कोई ऐसा बैठा है जो हमारा अपना है। यहाँ अपनत्व की अनुभूति हो सकेगी; अत: केशुभाई ही इसके लिए ठीक रहेंगे। सत्तासीन सभी लोग यह हमेशा याद रखेंगे कि मैं एक स्वयंसेवक हूँ और कार्य के गुण-दोष पर ही निर्णय लेना है।'

कभी स्वयंसेवक भी सरकार की ओर से हो रहे कटु अनुभवों की बात करते, कभी क्रोध भी करते, अपेक्षा पर खरे न उतरें तब ऐसा करना स्वाभाविक था। तब वकील साहब परम पूज्य गुरुजी के शब्द याद दिलाते, 'स्वयंसेवक बंधु और मित्र प्रशासनिक तंत्र में दखलंदाजी करके, सार्वजनिक विषयों के सिवाय अन्य कार्य हेतु सत्ता स्थान पर बैठे मित्रों के पास न जाएँ।' नहीं तो सार्वजनिक नैतिकता का स्तर गिराने में वे भी सहभागी और अपराधी बनेंगे। यह थी उनकी मूल्यों की सुरक्षा। □

वार ऑफ नर्व्स

देश भर में जे.पी. आंदोलन तीव्र गति पकड़ता गया। चुनाव में कांग्रेस की पराजय, इलाहाबाद हाईकोर्ट का श्रीमती गांधी के विरुद्ध फैसला आदि अनेक विषयों ने श्रीमती गांधी को बेचैन कर दिया। वे संतुलन खो बैठीं और अपने क्रोध प्रदर्शन के रूप में २६ जून, १९७५ को देश में आंतरिक आपातकाल घोषित कर पूरे राष्ट्र को जेल बना दिया। इस समय भी श्रीमती गांधी के प्रहार का मुख्य केंद्रबिंदु संघ ही था। कुछ राजनीतिक नेताओं की गिरफ्तारी के साथ संघ के सरसंघचालक पूज्य बालासाहब देवरस सहित पाँच हजार संघ के सक्रिय कार्यकर्ताओं को मीसा के काले समुद्र में धकेल दिया गया, जिसका कोई किनारा ही नहीं था। इतना ही नहीं, उसके कुछ मास बाद अन्य पच्चीस हजार स्वयंसेवकों को मीसा के तहत जेलों में बंद कर दिया गया। सरकार ने लोकतंत्र का गला घोंट डाला और सभी शक्तियाँ हस्तगत कर लीं। अनुमानानुसार ४ जुलाई, १९७५ को संघ पर दूसरी बार प्रतिबंध लगाया गया। संपूर्ण देश में भय का वातावरण छा गया। प्रेस की स्वतंत्रता छीन ली गई थी। अफवाहों ने लोगों को अधिक-से-अधिक भयभीत कर दिया था। उस समय चारों ओर से तरह-तरह के समाचार और अफवाहें आती रहीं। उन दिनों वकील साहब नागपुर में थे और अन्य सभी अधिकारी प्रवास में थे। वकील साहब केंद्र में रहकर आवश्यक सूचनाएँ देश में भेज रहे थे और १ जुलाई को हवाई मार्ग से मुंबई होकर अमदाबाद के लिए निकले। पूज्य बालासाहबजी को भी इसी विमान में नागपुर से बंबई होकर पूना यरवदा जेल में ले जाया जा रहा था।

विमान में ही वकील साहब की उनसे विस्तृत चर्चा हुई, जिसमें आगे की कार्यदिशा का मार्ग तय हुआ।

लोकतंत्र का किला

देश भर में संघ कार्यालयों में ताले लग गए। संघ के विरुद्ध जोर-शोर से अपप्रचार होने लगा। लड़ाई कितनी लंबी होगी, इसका अंदाज लगाना सरल न था। धारणा यह थी कि गुजरात में कोई बाधा नहीं आएगी; किंतु देश के अन्य भागों में जो हुआ, वैसा ही संघ कार्यालय और कार्यकर्ताओं के साथ भी हुआ।

गुजरात की मोरचा सरकार ने मीसा का उपयोग न करने का फैसला किया था, इसलिए संघ के कार्यकर्ताओं को बड़ी संख्या में डी.आई.आर. के अंतर्गत गिरफ्तार कर लिया गया। इससे कुछ स्वयंसेवक क्रोधित हुए। उन्हें लगा कि राजनीतिक क्षेत्र और सरकार में बैठे हुए अपने लोग न्याय करना नहीं जानते और लोकतंत्र की बात करते हैं। वकील साहब बड़ी सहजता से कहते, 'इस सरकार में बैठे सभी लोग अपने नहीं हैं, सरकार कुछ भी करे, परंतु सरकार हटनी नहीं चाहिए।' जब पूरे राष्ट्र में आपातकाल था तब भी गुजरात इससे मुक्त था। इन्हीं कारणों से श्रीमती गांधी गुजरात को जब 'अनिष्ट का द्वीप' कहतीं तो वकील साहब उसे 'लोकतंत्र का किला' कहते।

नया स्वरूप

सन् १९७२ से ही वकील साहब के पास गुजरात, महाराष्ट्र और गोवा प्रांतों के क्षेत्रीय प्रचारक की जिम्मेदारी होने से गुजरात के अतिरिक्त अन्य दोनों राज्यों में मीसा का वारंट था, फिर भी उनका अधिक-से-अधिक प्रवास आपातकाल से आतंकग्रस्त महाराष्ट्र और गोवा में ही रहा। वहाँ के कार्यकर्ताओं को मार्गदर्शन मिलता रहा। वकील साहब पहले प्रतिबंध के समय वकील साहब के नाम से और अब दूसरे प्रतिबंध के समय 'भाई' के रूप में पहचाने जाने लगे। ऐसी विशिष्ट परिस्थिति भूमिगत आंदोलन का नेतृत्व, काम का प्रकार भी क्रांतिकारियों की कार्यशैली का ध्यान दिलाता था; फिर भी कहीं उत्तेजना नहीं, वही धीर, वीर, सौम्य व्यवहार चला करता। परंतु चिंता के

कारण दृष्टि में जरूर कुछ परिवर्तन आया। सफेद बाल काले करना, जरा लंबे रखना, परंतु हार न मानना; प्रथम नजर में ध्यान न आए, इसलिए प्रवास में धोती-कुरते के स्थान पर पैंट-शर्ट पहनना प्रारंभ किया।

आपातकाल के बाद शुरू में ही भूमिगत संकल्प की नई योजना बनाई थी। इसके लिए विश्वस्त, सरकार के लिए अपरिचित कार्यकर्ता मुंबई, कलकत्ता, बंगलौर और दिल्ली से निरंतर संपर्क करें, यह आवश्यक था। इसके लिए विमान मार्ग को सुरक्षित माना गया। वकील साहब ने तुरंत ही गुजरात के एक स्वयंसेवक को यह काम दिया। उन्होंने प्रारंभ के महीनों में ही नित्य प्रवास कर यह योजना बखूबी पूरी की।

चुनौती का प्रारंभ

समग्र देश में व्याप्त भय के वातावरण को दूर करने के लिए आपातकाल को सार्वजनिक रूप से भंग करने का निर्णय लिया गया। जिसमें किसी भी स्थिति में हिंसा से दूर ही रहना था। राष्ट्रीय स्वयंसेवक संघ ने दोनों उद्देश्य पूरे किए। प्रतिकार की मशाल भी जलाए रखी। वकील साहब के मार्गदर्शन में गुजरात, महाराष्ट्र और गोवा के स्वयंसेवकों ने सत्याग्रह आरंभ किया। महाराष्ट्र, गोवा में तो सत्याग्रहियों की हालत बड़ी विचित्र थी। कहीं-कहीं तो पशुओं की तरह पीटा जाता और मीसा में बंद कर दिया जाता। गुजरात में सत्याग्रहियों को पकड़ा जाता, मुकदमा चलता और न्यायाधीश हिम्मत कर आपातकाल के विरुद्ध फैसला देकर छोड़ देते। २६ जून से प्रारंभ सत्याग्रह का रूप व्यक्तिगत था, परंतु १४ नवंबर, १९७५ से राष्ट्रव्यापी सत्याग्रह का प्रारंभ हुआ। जिसमें गुजरात से तीन हजार एक सौ पैंसठ सत्याग्रही जेल गए। जिनमें दो हजार पाँच सौ के लगभग तो संघ के स्वयंसेवक ही थे। वकील साहब का विश्वास था कि 'हम सफल होंगे' और राष्ट्र जीवन में परिवर्तन लाने के लक्ष्य में शीघ्र सफलता पाएँगे।

असीम आत्मविश्वास

आपातकाल के विरुद्ध लड़ाई में संपूर्ण देश का ध्यान केंद्रित करनेवाले 'साधना' साप्ताहिक की लड़ाई भी महत्त्वपूर्ण थी। वकील साहब इस साधना

प्रकाशन ट्रस्ट के जन्मदाता थे और वकील साहब और साधना, साधना और वकील साहब—दोनों साथ-साथ जिए। वे कहते, 'साधना का जिन मूल्यों के लिए जन्म हुआ है, जिया है, वह उसके लिए लड़ाई न लड़े तो आश्चर्य की बात होगी। साधना को सहन करना ही है। न केवल आर्थिक रूप से अपितु उसकी जिम्मेदारी उठानेवाले कार्यकर्ताओं पर भी बहुत कठिनाइयाँ आएँगी और उसके कर्मचारी तक को भी सहन करने की तैयारी होनी चाहिए।' वास्तव में 'साधना' इस युद्ध के मैदान में कुशल योद्धा के रूप में खरा उतरा।

वकील साहब के मार्गदर्शन में आपातकाल की लड़ाई में कोई भी क्षेत्र पीछे नहीं रहा। भारतीय मजदूर संघ को तैयार करते हुए उन्होंने कहा, 'यदि मजदूरों को इस सत्याग्रह से सही प्रेरणा नहीं मिली, हमने यदि मजदूरों को केवल आर्थिक माँगों के लिए ही तैयार किया है तो यह संगठन राष्ट्रीय प्रवाह से दूर हो जाएगा और जनमानस पर हमारा गलत प्रभाव पड़ेगा।' उनकी इस प्रेरणा से लगभग दो सौ पचास कार्यकर्ता मीसा में और पाँच हजार कार्यकर्ता सत्याग्रह में भाग लेकर जेलों में गए।

आपत्ति के चिन्ह

१९ जून को सत्ता में आई मोरचा सरकार आपातकाल आते ही विचलित हो गई थी। इस सरकार पर नंगी तलवार लटक रही थी और आखिर १२ मार्च, १९७६ को सरकार को तोड़ने में कई स्वार्थी तत्त्वों को सफलता मिली। आखिरकार, लोकतंत्र का एक मजबूत किला भी टूट गया। मीसा का प्रारंभ हुआ। सर्वप्रथम संघ निशाना बना। परंतु ऐसी परिस्थिति के लिए योजना पहले से ही तैयार थी। गुजरात के अनेक बंधु विदेशों में थे, जिससे गुजरात का विदेश के साथ जीवंत संपर्क रहा और उसका गुजरात को लाभ भी मिला। दो कार्यकर्ता विदेश जाएँ, ऐसी योजना भी तैयार हुई। विदेश के साथ-साथ जेल में स्थित कार्यकर्ताओं का मनोबल और उत्साह बनाए रखने के लिए वकील साहब जेल संपर्क बनाए रखना भी उचित समझते थे और वह आवश्यक भी था। दूसरी ओर जेल के लोगों को भी उन्होंने अपने समय का सदुपयोग करने के लिए लिखा।

परिस्थिति की परख

आपातकाल के विरुद्ध देश भर में कार्यक्रम चल रहे थे; परंतु अब क्या होगा इस परिस्थिति और भविष्य का अनुमान राजनीतिक पंडित भी नहीं कर पा रहे थे। संघवाले तो शाखा में 'दक्ष-आराम' करने, पत्रिकाएँ बाँटने के सिवाय और कुछ नहीं जानते थे; परंतु सत्य इससे भिन्न था। आपातकाल के ग्यारह महीनों के बाद ३१ मई, १९७६ को वकील साहब ने गुजरात की जेलों में बंद स्वयंसेवकों के नाम पत्र लिखा। जिसमें परिस्थिति का अंदाजा, उससे बाहर निकलने की योजना और सफल होने की प्रतिध्वनि सुनाई देती थी। किसी भी राजनीतिक पंडित को आश्चर्य हो सकता है, इस पत्र की तमाम बातें सही निकलीं। वकील साहब ने लिखा कि 'लोगों में कार्य के लिए चुनौती देनेवालों को परिस्थिति का सामना करने की स्वाभाविक इच्छा हो, ऐसे कार्यक्रमों द्वारा पूरे देश में शक्ति निर्माण कर जनता के इस निश्चय का अनुभव आज के शासक को कराने की दिशा में योजनाएँ चल रही हैं। यह योजनाओं का एक हिस्सा है, अत: जनता को अपना अभिमत व्यक्त करने का मौका मिलेगा। तब यह जनता का अभिमत है, ऐसी भूमिका से उस अवसर का उपयोग किया जाएगा। यह अवसर चुनाव के रूप में ही मिल सकेगा। साधारणत: अक्तूबर १९७६ से मार्च १९७७ तक का समय इंदिराजी को अपने अनुकूल लगेगा, उस समय वह चुनाव कराएँगी।' और वकील साहब परिस्थिति समझने में पूर्णत: सही सिद्ध हुए। परंतु चुनाव आया क्या? यह भी एक बड़ा सच था। वकील साहब को जनशक्ति में विश्वास था। यदि चुनाव मुक्त न हुए तो जनता बहिष्कार करेगी; परंतु यह बहिष्कार एक तरह से पलायनवादी होगा। अत: ऐसा न हो, यह भी देखना होगा।

शक्ति संचार

आपातकाल के थोड़े समय में ही संघ ने लड़ाई के अनेक माध्यमों के साथ-साथ चुनाव के लिए भी लोगों के मन को तैयार करने की योजना बना ली थी। हालाँकि संघ कभी भी चुनाव में सक्रिय नहीं होता और न ही किसीका समर्थन करता है। संघ के इतिहास में पहली बार स्वयंसेवकों को जनता पक्ष के लिए कार्य करने को कहा गया। वकील साहब ने अपने क्षेत्र

के कार्यकर्ताओं से बैठकें कर कांग्रेस की शक्ति का अंदाज लगाया। धन की संभावना भी देखी और चुनाव से आठ मास पूर्व उन्होंने जेल में बंद स्वयंसेवकों को पत्र लिखा, 'इस चुनाव में जनमत का प्रदर्शन है। अत: जनता को पूर्ण रूप से शिक्षित करना होगा और पहले से ही यह प्रयत्न करना होगा।' राजनीतिक क्षेत्र के लोग भी निराशाग्रस्त थे; परंतु वकील साहब उनका मनोबल बढ़ाते हुए चुनाव की रणनीति और विजय की आशा स्पष्ट करते हैं, 'मेरी दृष्टि से जिस दिन जयप्रकाशजी, बालासाहबजी और अन्य महानुभावों के साथ हजारों लोग पकड़े गए थे उसी दिन से चुनाव संघर्ष का प्रयास प्रारंभ हो चुका है। अत: अब चुनाव के लिए समय कम नहीं पड़ेगा। केवल भूमिका निर्माण करनी है। 'मैन पॉवर' ही वास्तविक शक्ति है। अन्य साधन व्यावहारिक दृष्टि से जितने आवश्यक और उपलब्ध होंगे, उसका उपयोग करेंगे; परंतु मुख्य आधार 'मानव शक्ति' है।'

परिवर्तन की प्रक्रिया

चुनाव आएगा तो क्या स्थिति होगी? आपातकाल में जो-जो समस्याएँ आईं, उनमें खड़े हुए द्वंद्व अभी भी सामने थे। विपक्ष एक बनकर लड़े, उसकी चर्चा और प्रयोग पहले भी हुए थे; परंतु आपातकाल के दिनों में इस दिशा में निश्चित परिणाम आया। जनता पक्ष विजयी हुआ। परंतु विजय के कुछ महीनों के पश्चात् संघ को फिर से बलि का बकरा बनाकर स्वार्थी लोगों ने जनता पक्ष को तोड़ने का प्रयास किया। सही अर्थों में जनता ने अपनी अभिव्यक्ति की। चुनाव के परिणाम विश्व के लोकशाही देशों के लिए एक नया अध्याय था। उस समय वकील साहब अमदाबाद में थे। चारों ओर विजय का उन्माद था। एक कार्यकर्ता का वकील साहब को फोन आया, 'वकील साहब, नॉव वी आर रूलर्स' वकील साहब ने तुरंत ही कहा, 'अरे भले आदमी, अपना काम तो शाखा चलाना है। उत्साह के क्षणों में भी अपने मन में कार्य का महत्त्व है।' २२ मार्च, १९७७ के दिन अपनी दैनंदिनी में वे लिखते हैं, 'यह तो सत्ता परिवर्तन है, खुश होने की आवश्यकता नहीं, हमें तो समाज परिवर्तन करना है।'

□

कामये दुःख तप्तानाम्

कोमल हृदय से बरसती श्रावणी बरसात प्रकृति प्रेमियों के लिए आनंदधारा बन जाती है। किसीने कल्पना भी न की होगी कि यह आनंदधारा सैकड़ों परिवारों के लिए अश्रुधारा बन जाएगी।

निरंतर हो रही बारिश ने ११ अगस्त, १९७९ के दिन सौराष्ट्र के मोरवी शहर को तहस-नहस कर दिया। मोरवी विस्तार के विकास के लिए मच्छु नदी पर बना बाँध टूट गया और नदी अपने पूर्ण यौवन के साथ मोरवी शहर का विनाश कर गई। भरी दोपहर के समय हाहाकार मच गया। लोग जीवन बचाने के लिए मकानों पर चढ़ गए। भागने का तो प्रश्न ही न था। मकानों ने धरती से दोस्ती कर ली, सैकड़ों मनुष्य मौत के मुँह में समा गए। पूरा शहर नष्ट हो गया।

प्रथम सप्ताह में ही संघ के स्वयंसेवकों ने दो हजार तीन सौ लोगों का अंतिम संस्कार किया। मृत पशुओं की संख्या तो अनगिनत थी। आठ से दस हजार मकान धराशायी हुए थे। व्यापार, रोजगार, कारखाने, बैंक—इस चपेट से कुछ भी मुक्त न था।

कौन किसके आँसू पोंछे, सभी दुःखी थे। देखते-ही-देखते यह समाचार पैंतालीस किलोमीटर दूर राजकोट शहर में पहुँचा। सरकार कुछ भी निर्णय ले, उससे पूर्व राजकोट के संघ स्वयंसेवक तैयार हो गए। क्षण भर की भी देरी किए बिना सभी मोरवी पहुँच गए। मोरवी पहुँचनेवालों में वे सबसे पहले थे।

११ अगस्त को पहुँचकर संघ के स्वयंसेवकों ने प्राथमिक कार्य आरंभ किया और निरंतर दो वर्ष तक मोरवी के पुनर्निर्माण तक अनवरत कार्यरत रहे। सेवावृत्ति वैसे भी गुजरात के रक्त में है। अनेक छोटी-बड़ी प्राकृतिक आपदाओं में गुजरात की प्रजा कभी भी पीछे नहीं हटी। यहाँ के महाजनों की सेवा तो निरंतर चलती ही रहती है और उसमें भी मोरवी की बात तो गुजरात और देश विशिष्ट रूप से देखता है। इस आपदा को याद करते ही संघ के उस समय के राहत कार्यों की याद किए बिना नहीं रहा जा सकता। देश भर के समाचार-पत्रों ने संघ की इस सेवावृत्ति की भूरि-भूरि प्रशंसा की। 'हिंदू' ने लिखा, 'संघ के स्वयंसेवक राहत काम के सच्चे नायक हैं।' 'इलेस्टेड वीकली' ने लिखा, 'राष्ट्रीय स्वयंसेवक संघ के लिए चाहे कोई कुछ भी कहे, परंतु अपने देश के बांधवों के लिए वे काम करने के लिए हमेशा तैयार रहते हैं। और बदले में कोई अपेक्षा नहीं, यहाँ तक कि प्रसिद्धि और सिद्धि की भी अपेक्षा नहीं। उनपर अभिशाप बरसाना हो तो पूरी शक्ति से बरसाओ; परंतु कभी एक बार उनके अच्छे कामों के लिए अभिनंदन भी करो।'

मोरवी के इस राहत कार्य का फलक विशाल था। मृत मनुष्य देह और पशुओं की दुर्गंध से सारा वातावरण दुर्गंधमय हो गया था। छप्पर, पेड़ या बिजली के खंभों पर लाशें लटक रही थीं। कई दिनों तक लाशों के अग्नि संस्कार का कार्य चलता रहा। मार्ग, घर, स्कूल आदि टूटकर कीचड़ से भर गए थे। उनकी सफाई, मोरवी छोड़कर राजकोट आए दस हजार परिवारों के राहत शिविर, दुर्गंधग्रस्त शहर बीमारी की चपेट में न आए इसके लिए दवाओं की सुविधा आदि कितने ही प्रकार की राहत व्यवस्था प्रथम सप्ताह में ही हो गई थी।

मोरवी में चलाए गए इन राहत कार्यों के कारण संघ के स्वयंसेवकों के श्रम की सुगंध देश भर में फैल गई थी। चारों ओर से सहायता की मानो बाढ़ उमड़ पड़ी थी। लंबे समय तक चलनेवाले काम की जिम्मेदारी भी संघ को ही उठानी पड़ेगी, यह सामान्य जनमानस की इच्छा थी। राहत कार्यों के लिए किए गए काम में करीब चालीस लाख रुपए की राशि की व्यवस्था और खर्च होने का अनुमान लगाया गया।

संघ ने प्रभावित लोगों के पुनर्वास हेतु भी बीड़ा उठाया। उसमें भी समाज

की ओर से पूर्ण सहायता मिली। बाढ़ग्रस्त परिवारों के लिए पूर्ण सुविधासंपन्न जनकल्याण नगर एवं वर्धमान नगर में दो सौ आवास बनाकर दिए। तहसील में धमलपुर और नए नागड़ावास जैसे गाँव, जहाँ हमेशा मुसीबत रहती थी, का भी स्थानांतरण करवाकर पूर्ण सुविधासंपन्न दो नए गाँव बसाए गए।

समष्टि की दृष्टि

बहुत कम समय में ही सुव्यवस्थित रूप से मोरवी अपने मूल रूप में आ गया। जिसके मूल में व्यवस्थित आयोजन तथा वकील साहब की दूरदृष्टि और मार्गदर्शन भी था। संघ विचार से प्रेरित विश्व हिंदू परिषद् एवं विद्यार्थी परिषद् जैसे अन्य संगठनों ने भी अपनी पूर्ण शक्ति इसमें लगा दी। प्रत्येक के निश्चित क्षेत्र तय करके कम समय में जीवन के अधिक-से-अधिक पहलुओं को चेतनामय बनाया गया। संघ संस्कार के अनुरूप वकील साहब किसी भी विषय पर समाज के लक्ष्य को ध्यान में रखकर विचार करते। मोरवी के विषय में उन्होंने एक विशेष विचार रखा, जो वास्तव में तत्त्व एवं व्यवहार दोनों दृष्टि से अधिक मूल्यवान् था। उन्होंने कहा, 'राजकोट एवं मोरवी, दोनों स्थानों पर अपना मार्गदर्शन केंद्र एवं साहित्य केंद्र होना चाहिए।' उनका अंदाज था कि एक-दो दिनों में गुजरात और गुजरात के बाहर से बहुत बड़ी संख्या में सामाजिक संस्थाएँ राहत कार्यों के लिए आएँगी। यहाँ से (केंद्रों से) विस्तृत विवरण मिलने पर वे कार्य तो करेंगे ही, परंतु उन्हें कार्य करने का संतोष भी होगा।

समाज धन का सदुपयोग

उन दिनों संघ के राहत केंद्रों में राहत साधनों का अंबार लग गया। तब वकील साहब कहते, 'लोगों ने हम पर विश्वास करते हुए इतना सब दिया है। एक तरह से हम इसके ट्रस्टी हैं, अत: यह सामान पीड़ित लोगों तक उचित समय पर पहुँचाने की जिम्मेदारी भी अपनी होनी चाहिए।'

निरपेक्ष भाव

मोरवी के सेवा कार्यों की चारों ओर प्रशंसा हो रही थी। तब वकील

साहब संघ के स्वयंसेवकों एवं बाहर के मित्रों से कहते, 'यह सब तो ठीक है, परंतु यह जो कुछ भी है इसकी तो दैनंदिन शाखा में शिक्षा दी जाती है, यही इसका कारण है। अत: जो कुछ है वह तो शाखा है। यह तो उसका प्रात्यक्षिक कारण मात्र है।'

आपत्तिग्रस्तों के लिए मकान तैयार करके अब इसकी अर्पण विधि में भी संघ के स्वयंसेवक आगे थे। इस कार्यक्रम में परम पूज्य बालासाहब विशेष रूप से उपस्थित रहे थे। मोरवी के नगरजनों में उमंग और उत्साह का वातावरण था। संयोगवश उस दिन वकील साहब का जन्मदिन था; परंतु कुछ लोगों को ही इसका पता था। वकील साहब एक कोने में मूकदर्शक की तरह बैठे थे। मुरदे उठाने से लेकर मकान बनाने तक के अनेक कामों को लोग भावविभोर शब्दों से प्रकट कर स्वयंसेवकों की प्रशंसा कर रहे थे। तब वकील साहब का ध्यान इस ओर न होकर, मोरवी के पुनर्निर्माण हेतु लगे स्वयंसेवकों के वट वृक्ष की ओर था। शाखा द्वारा चल रहे व्यक्ति-निर्माण के अखंड कार्य का यह तो केवल एक छोटा सा प्रकटीकरण था। ऐसा सहज भाव उनके व्यवहार में दिखता था।

□

एकता का अंगार

गुजरात में हुए आरक्षण विरोधी आंदोलन ने गुजरात के किसी भी जन-आंदोलन से अधिक निंदा सहन की है। व्यक्तिगत स्वार्थ से पैदा हुआ यह आंदोलन राष्ट्रहित और समाजहित के छद्‍म वेष को धारण कर मैदान में आया था। ऐसे आंदोलन से समाज जीवन और राष्ट्र जीवन पर विपरीत प्रभाव पड़ सकता था। यह समझ सकनेवाला बुद्धिमान् समाज अभी हम निर्मित नहीं कर पाए थे। परिणामस्वरूप ऐसा वर्ग इसमें खिंचा चला जाता था। ऐसी परिस्थिति में अपनी राजनीतिक खिचड़ी पकानेवाले नेता स्वार्थी बनकर बैठे थे। ऐसे नेताओं के सामने सत्ता का सिंहासन पाना ही एकमात्र लक्ष्य होता है। सत्ता के लिए वे राष्ट्रहित को भी बलि बनाने में हिचकते नहीं, परंतु समाजहित हेतु जीनेवालों के लिए यह स्थिति पीड़ादायी होती है। गुजरात में आरक्षण आंदोलन चल रहा था, तब वकील साहब अखिल भारतीय जिम्मेदारी सँभाल रहे थे। अत: उनका प्रवास गुजरात में कम होता था। सन् १९८१ के प्रथम आरक्षण विरोधी आंदोलन के बाद गुजरात में उनका प्रवास हुआ, तब वे अत्यधिक व्यथित थे। स्वयंसेवकों के साथ बातचीत में वे कहते, 'इस आंदोलन से अपना समाज पिस जाएगा और राष्ट्रविरोधी तत्त्व इसका लाभ लेने में पीछे नहीं रहेंगे।' 'साधना' साप्ताहिक के कार्यकर्ताओं के साथ बात करते समय उन्होंने कहा, 'आरक्षण विरोधी आंदोलन समाज के लिए कितना घातक बनेगा, इसकी समीक्षा बार-बार 'साधना परिवार' में की जाए तो अच्छा रहेगा।' आरक्षण के सामने राजनीतिज्ञों ने जिस तरह छेड़छाड़

प्रारंभ की थी, उसे देखकर वे कहते, 'विधि की कैसी विडंबना है, जो आरक्षण प्रथा समाज के सर्वांगीण विकास हेतु प्रारंभ की गई थी, उसे आज राजनीतिज्ञों ने अस्पृश्य बना दिया है। इन्हीं नेताओं ने ही समाज को दो खेमों में बाँट देने का पाप किया है।' अमदाबाद में कई बार अपने ही नगरजन मार्ग भूले और उनमें से कई स्वार्थी तत्त्वों ने हरिजन सोसाइटी पर हमला किया। तब संघ के स्वयंसेवक इस हरिजन सोसाइटी में पहरा देते रहे। जिससे वकील साहब ने गहरा संतोष व्यक्त किया और कहा, 'हमारे ऐसे प्रयास को अखबारों में शायद प्रसिद्धि नहीं मिलेगी और इतना ही नहीं, हमारे विरुद्ध कुप्रचार भी बंद नहीं होगा; परंतु हमने इन दोनों विषयों के लिए कुछ नहीं किया। हमारा ध्येय समाज की एकता बनाए रखना है।

विघटन की वेदना

दूसरी बार का आरक्षण आंदोलन समाज के लिए और भी घातक रहा। एक ओर समाज की विघटित अवस्था तो दूसरी ओर राष्ट्र विरोधी तत्त्वों की ओर से सक्रिय रूप से लाभ उठाकर अंतरराष्ट्रीय चालबाजी के भाग स्वरूप सांप्रदायिक दंगे हुए। परिणामस्वरूप महीनों तक गुजरात अशांत रहा। इन दिनों वकील साहब की शारीरिक स्थिति भी कमजोर हो गई थी। कैंसर का प्रभाव दिनोदिन बढ़ रहा था; परंतु उनको शरीर की अपेक्षा समाज में लगे कैंसर की अधिक चिंता थी। वे कहते, 'सामाजिक संवेदना कम होती है तभी ऐसा होता है।' आरक्षण की आड़ में चलते सांप्रदायिक दंगों में 'हरिजन-मुसलिम भाई-भाई, हिंदू कौम कहाँ से आई' का नारा हिंदू समाज का मनोबल तोड़ने के लिए कितना घातक था, इसकी वेदना तो वही जानते थे।

संतों की सद्भाव यात्रा

समाज विरोधी शक्तियों ने पूरे समाज को छिन्न-भिन्न कर डाला। यह आंदोलन केवल हिंदू विरुद्ध हरिजन तक सीमित न रहा, बल्कि षड्यंत्रकारियों ने पुलिस विरुद्ध प्रजा, लश्कर विरुद्ध पुलिस, सवर्ण विरुद्ध हरिजन, क्षत्रिय विरुद्ध पटेल, वनवासी विरुद्ध नगरवासी जैसे अनेक गुटों को खड़ा कर समाज विच्छेद की इस प्रक्रिया पर कुछ राजनेता काम कर रहे थे और

गुजरात में ऐसा कोई व्यक्तित्व नहीं था जो इस विकट परिस्थिति से गुजरात को बाहर निकाल सके। अतः स्वयंसेवकों ने एक योजना बनाई, जिसमें साधु–संतों की सद्भाव यात्रा निकाली गई और इस यात्रा को अभूतपूर्व सफलता मिली। साधु–संतों का समाज पर काफी प्रभाव पड़ा। मृत्यु के कुछ दिन पूर्व वकील साहब गुजरात में आए थे। राजकोट के संघ शिक्षा वर्ग का दीक्षांत प्रवचन उनके जीवन का अंतिम उद्‌बोधन था। उन्होंने बहुत ही व्यथित हृदय से गुजरात की परिस्थिति के बारे में कहा, 'अंतिम एक वर्ष का स्मरण करें तो जो घटनाएँ सामने आई हैं, उससे प्रत्येक स्वयंसेवक का मन आंदोलित और व्यथित है। पंजाब की समस्या हो या आरक्षण विरोधी आंदोलन, ऐसी प्रत्येक स्थिति मन को आंदोलित कर देती है।' स्वयंसेवकों से अपेक्षा व्यक्त करते हुए उन्होंने कहा, 'जीवन में अनेक प्रकार के संकट होंगे, अनेक प्रकार के भ्रम भी होंगे, फिर भी हम सभी स्वयंसेवक भ्रम रहित होकर अपने-अपने स्थान पर लोगों के मार्गदर्शक बनें।'

□

विराट् जाग रहा है

भारत विभाजन की दारुण घटना के बाद स्थान-स्थान पर हिंदू जागृति की बातें सुनाई देती थीं। राष्ट्र की एकता के लिए सर्वधर्म समभाव व सहनशील स्वभाव के कारण हिंदू समाज निरंतर त्याग ही देता रहा है; परंतु सन् १९६९ के मानबिंदु (जगन्नाथ मंदिर) पर हुए हमले ने उसे असह्य आघात दिया था। उसकी प्रतिक्रिया होना स्वाभाविक था, परंतु केवल प्रतिक्रिया जीवंत समाज का सही चित्र तो नहीं है। ऐसी प्रतिक्रियाओं से किसी समाज की भलाई नहीं हो सकती। अत: स्वयं द्वारा स्वीकृत जीवन मूल्यों के अनुरूप चैतन्यपूर्ण समाज खड़ा करना पड़ेगा। इसके लिए निरंतर संस्कार प्रक्रिया आवश्यक होती है। ऐसे ही तथ्यों को ध्यान में रखते हुए विश्व भर में बसनेवाले हिंदू समाज को संगठित एवं संस्कारित करने हेतु सन् १९६४ में विश्व हिंदू परिषद् की स्थापना हुई थी। हिंदू समाज के अनेक संप्रदायों के श्रेष्ठ संत-महात्मा इसका मार्गदर्शन करते आए हैं। सन् १९६४ में प्रारंभ हुए इस कार्य का गुजरात में भरपूर स्वागत हुआ। सन् १९७२ में सिद्धपुर में हुए परिषद् के प्रांत सम्मेलन को सफल बनाने में अनेक कार्यकर्ताओं ने अपना पूर्ण सहयोग दिया। वकील साहब एवं स्व. दादा साहब आप्टे के प्रयत्नों से परम पूज्य गुरुजी भी इस सम्मेलन में उपस्थित हुए थे।

हिंदू शक्ति के दर्शन

सरस्वती नदी के पवित्र तट पर मातृ गया सिद्धपुर में हुए इस सम्मेलन में

द्वारिका पीठ के जगद्गुरु शंकराचार्य से लेकर गुजरात और देश के कोने-कोने से संतों को एक मंच पर एकत्रित किया गया। एक मंच पर विराजमान असंख्य साधु-संतों की उपस्थितिवाला यह मनोरम दृश्य गुजरात में पहली बार देखा गया था। जिसमें वकील साहब की योजक शक्ति ने सोने पे सुहागे का काम किया। पच्चीस हजार से अधिक संख्यावाले इस सम्मेलन में विराट् हिंदू शक्ति के दर्शन हुए। इस सम्मेलन के बाद परिषद् ने हिंदू समाज के सहयोग से स्थान-स्थान पर धर्मांतरण विरुद्ध आवाज उठाई। वकील साहब की प्रेरणा से प्रारंभ हुए इस कार्य की ओर गुजरात सरकार का भी ध्यान गया। परिणामस्वरूप गुजरात की विधानसभा में धर्म स्वातंत्र्य विधेयक आया। परंतु क्रिश्चियन समाज की ओर से—देश और दुनिया से—दबाव आया। हिंदू शक्ति की अवहेलना में संलग्न वोट के भूखे सत्ताधीशों ने इस बिल को 'प्रवर समिति' को भेजा और न जाने फिर यह बिल काल के गहन अंधकार में कहाँ खो गया!

हिंदू शक्ति को चुनौती

विश्व हिंदू परिषद् का कार्य संपूर्ण विश्व में दृढ़ गति से आगे बढ़ रहा था। वहीं पर परिषद् निर्धारित मूल्यों को चुनौती देनेवाला दुष्कृत्य दक्षिण में मीनाक्षीपुरम् में दुर्घटित हुआ। धर्मांतरण द्वारा सैकड़ों हरिजनों को मुसलमान बनाया गया। हिंदू समाज के लिए यह बड़ी चुनौती थी। विश्व हिंदू परिषद् ने इस चुनौती को स्वीकार कर देश भर में जनजागरण अभियान चलाया। वकील साहब ने गुजरात भर में सभी विभागों में कार्यकर्ता सम्मेलन कर हिंदू समाज के सामने खड़ी इस चुनौती के लिए समाज की एकता पर बल दिया। वे कहते, 'हमारे जीवन में अनेक प्रकार की विविधताएँ बेशक हों, परंतु हिंदू हित प्रथम है। सन् १९४७ के बाद अब फिर से यह चुनौती हमारे सामने खड़ी है।' गुजरात में पाँच हजार कार्यकर्ता लगातार पंद्रह दिन तक इस कार्य में जुटे रहे। पाँच हजार गाँवों में बाईस लाख लोगों तक इस अभियान का उद्देश्य पहुँचाया गया।

हिंदू मात्र एक

इस प्रकार के जीवन मूल्यों को स्थिर करने में निरंतर जागृति प्रक्रिया

आवश्यक है। विश्व हिंदू परिषद् ने अभूतपूर्व एकात्मना यात्रा का आयोजन किया। तीन लाख गाँवों में दस करोड़ लोगों से संपर्क किया गया। इस यात्रा में 'गंगा माता' और 'भारत माता' का पूजन किया गया। यह एक ऐतिहासिक यात्रा बन गई। इस यात्रा कार्यक्रम से पूर्व वकील साहब के कैंसर का ऑपरेशन हुआ था, फिर भी इस विराट् स्वरूप के दर्शन हेतु बड़ी उत्सुकता से वे गुजरात आए। कर्णावती, राजकोट और सोमनाथ के कार्यक्रमों में वे उपस्थित रहे। गुजरात में इसकी तेईस उप यात्राएँ निकलीं, जिन्होंने चार हजार किलोमीटर का लंबा मार्ग तय किया। कपिल रथ ने आठ सौ अस्सी किलोमीटर की यात्रा तय की। यात्रा के समापन कार्यक्रम में आनंद और उत्तेजना की चरम सीमा थी। मेवाड़ के महाराणा की अध्यक्षता में वकील साहब ने हिंदू जागरण की वास्तविकता पर विश्लेषण करते हुए कहा, 'सन् १९४८ में स्वतंत्रता के बाद सोमनाथ की भूमि पर मंदिर नहीं, खंडहर था। लौह पुरुष सरदार पटेल ने इसका पुनर्निर्माण कराया, तब श्री पटेल ने कहा था, 'हमारी बारह सौ वर्षों की गुलामी का कलंक मिट गया है। हमने संकल्प किया था कि बारह ज्योतिर्लिंगों में इस अपमानित ज्योतिर्लिंग को पुनः जीवित कर उसकी पुनः स्थापना करेंगे। यह महान् कार्य हम आज पूरा हुआ देख रहे हैं। उस समय तो हिंदू समाज में अनेक भ्रम पैदा किए गए थे। अपनी स्वार्थपूर्ति के लिए देश की प्रजा को विभाजन के लिए लाचार किया गया था। उस शासन के जाने के बाद हिंदू समाज पर कोई संकट नहीं रहेगा, ऐसा सोचा गया् था; परंतु सैंतीस वर्षों का अनुभव यह बताता है कि बहुल हिंदू समाज आज भी संकट के नीचे सिसकियाँ ले रहा है।'

संकल्प : सोमनाथ के साक्ष्य में

इस एकात्म यज्ञ यात्रा के प्रसंग पर हम ऐसा संकल्प करें कि जिस प्रकार बारह सौ वर्ष पूर्व के राष्ट्र के इस कलंक को मिटाने का संकल्प सरदार पटेल ने अँजुलि भर सागर के पानी से सूर्य नारायण के साक्ष्य में किया, वैसे ही इस देश में अब एक भी दिन ऐसा नहीं आए, जब हिंदू हित असुरक्षित रहे। इसी विषय में स्वामी विवेकानंदजी ने अपने एक निराश शिष्य को उत्तर दिया था कि इस भूमि का हिंदू समाज इस भ्रम में अब बहुत

दिन नहीं रहेगा। एक बार फिर यह भारत माता जगत् में पहले जितनी श्रेष्ठ थी, उससे अधिक श्रेष्ठ स्थान पर पुन: विराजमान होगी। यह मैं अपनी दृष्टि समक्ष देख रहा हूँ। विश्व हिंदू परिषद् के इस कार्यक्रम का उद्देश्य भ्रमित हिंदू समाज के भ्रम को तोड़ना था। इस स्थान पर बैठे सभी भाई-बहन सोमनाथ के सान्निध्य में संकल्प करें कि मेरी शक्ति कम होगी या अधिक, परंतु हिंदू समाज के लिए मुझमें जो शक्ति होगी उसका उपयोग समाज हित के लिए करूँगा। भविष्य के इतिहासकारों को इस एकात्मना यात्रा का वर्णन स्वर्णाक्षरों में लिखना पड़ेगा।

□

तपस्वी गया तप रहा

अंग्रेजी में एक कहावत है कि 'Difficulties never come singly'. मृत्यु के विषय में ऐसा ही हुआ। वकील साहब के जीवन के अंतिम दिनों में यह सत्य दिखाई देता है।

सन् १९८१ से १९८५ तक का कालखंड उनके जीवन का अंतिम समय था। २ मार्च, १९८१ के दिन तत्कालीन प्रांत प्रचारक माननीय श्री केशवराव देशमुखजी का आकस्मिक देहांत हुआ और १५ जुलाई, १९८५ को वकील साहब हमें छोड़कर चले गए। केवल चार-साढ़े चार वर्ष के अंतराल में ही श्री देशमुखजी के अतिरिक्त श्री अरविंद भाई मणियार और माननीय श्री बाबूभाई ओझा जैसे गुजरात के सेवाकार्य के अन्य दो मजबूत स्तंभ टूट गए। इन्हीं दिनों में वकील साहब के सबसे छोटे भाई का देहांत हो गया। इसी वियोग में वकील साहब की माताजी का देहांत हो गया।

एक के बाद एक कठोर आघातों को वकील साहब ने किस तरह सहन किया होगा! उनके एक पत्र से टपकते आँसुओं से उत्तर मिल जाता है। अमेरिका में रह रहे महेश भाई मेहता को वकील साहब लिखते हैं, 'कई बार किसीको संवेदना पत्र लिखते समय मैंने लिखा है कि 'मृत्यु एक ऐसी घटना है जब मनुष्य केवल उसका मूक साक्षी होता है। उसमें कहीं भी उसकी कोई इच्छा काम नहीं करती।' श्री देशमुखजी की विदाई के समय मैंने इसका प्रत्यक्ष अनुभव किया है। एक तरह से तो कुदरत ने मनुष्य पर बहुत बड़ा उपकार किया है। समय बीतते मन काम में गुँथा होता है तो दुःख भूल जाते

हैं। अनेक छोटे-बड़े प्रसंगों में देशमुखजी की याद आती है। थोड़े समय तक ऐसा चलेगा; परंतु संघ कार्य व्यक्ति आधारित न होने से व्यक्ति की कमी होते हुए भी आगे बढ़ेगा ही।'

उपर्युक्त एक-एक घटना ने वकील साहब के हृदय पर भारी आघात पहुँचाया। पुत्र समान छोटे भाई और ममता की शीतल छाया माँ का आघात भी कुछ कम न था। परंतु अरविंद भाई मणियार का जाना भी उन्हें बहुत बेचैन कर गया। दूसरी ओर बाबूभाई ओझा पर तो उन्हें इतना विश्वास था कि इनके मजबूत कंधों पर मैं गुजरात को छोड़कर अंतिम यात्रा कर पाऊँगा। लेकिन वे भी उन्हें अकेला छोड़कर चले गए। वकील साहब अपने कैंसर को भी भूल गए; परंतु जैसे-जैसे उनके कैंसर के समाचार आने लगे, स्वयंसेवकों को लगा कि कुदरत के दरबार में इतना बड़ा अँधेर!

स्थितिप्रज्ञस्य की भाषा

एक स्वयंसेवक ने वकील साहब को पत्र लिखा कि 'आपका जीवन तो महर्षि तुल्य जीवन है। आप भी ऐसी स्थिति में आए, मेरी तो ईश्वर पर से श्रद्धा समाप्त हो गई है। परमेश्वर के यहाँ क्या आप जैसे लोगों की कमी है? मेरी तो नींद ही उड़ गई है।' और एक योगी पुरुष की तरह वकील साहब उत्तर देते, 'भाई, यह तो देह का बंधन है, जिसको भोगना ही होगा। गुरुजी तो त्यागी और योगी पुरुष थे, वे भी इस बीमारी के शिकंजे में जकड़े गए। हमारी तो हैसियत ही क्या है! जहाँ तक शरीर चलेगा वहाँ तक काम करना होगा, बाकी शरीर को अपने रोग तो भोगने ही होंगे।' इस प्रकार के अनेक पत्रों में उन्होंने कई लोगों से संवेदना लेने की बजाय उन्हें हिम्मत दी।

साथियों ने उनके कैंसर को उनसे छिपाने का प्रयास किया, परंतु वे इससे परिचित थे और निर्भीकतापूर्वक उन्होंने मन से इसको स्वीकार भी कर लिया था। जैसे अखिल भारतीय व्यवस्था, विभाग और क्षेत्र प्रचारक की जिम्मेदारी उठाई थी वैसे ही मानो इस बीमारी की जिम्मेदारी भी सँभाल ली हो। और सिर पर आई इन जिम्मेदारियों की मानो कुछ समय के लिए उन्हें आवश्यकता थी, जिससे वे बाकी का कार्य पूर्ण कर सकें। फिर भी जो इलाज चल रहा था, उसमें कैमोथैरेपी अपना प्रभाव दिखा रही थी।

डॉक्टर के अथक परिश्रम और बड़ों के आशीष से वे धीरे-धीरे बीमारी के शिकंजे से जैसे छूटने का प्रयास कर रहे थे; परंतु बीमारी जैसे धूप-छाँह का खेल खेल रही थी। जिसकी टिप्पणियाँ उनकी दैनंदिनी में देखी जा सकती हैं।

२ मई, १९८४—आज मेरा बौद्धिक वर्ग हुआ। विषय ठीक रहा, परंतु थकान महसूस हुई। बैठक हुई, परंतु मन वर्ग की मस्ती का अनुभव नहीं करता।

२४ अगस्त, १९८४—सुबह नायर हॉस्पिटल में गया। लीवर स्क्रेन हुआ। रिपोर्ट अच्छी है, कोई निशानी नहीं, ब्लड रिपोर्ट भी उत्तम है।

२४ सितंबर, १९८४—आज कोई काम नहीं कर सका। तबीयत नरम-गरम रहती है।

४ अक्तूबर, १९८४—आज भी सुबह देर से उठा। अभी बुखार रहता है।

१७ अक्तूबर, १९८४—आज इंजेक्शन लिया। बहुत थकान रही।

२२ अक्तूबर, १९८४—सुबह दिल्ली पहुँचा। बुखार है।

२३ अक्तूबर, १९८४—बैठक प्रारंभ है। कभी बैठक में रहता हूँ, कभी नहीं। बैठा नहीं रह पाता।

२९ अक्तूबर, १९८४—सुबह विमान से अमदाबाद आया। बहुत थकान है, बुखार भी है।

३१ दिसंबर, १९८४—'आज वर्ष का अंतिम दिन' विषय कई बार मन में आया। कल वर्ष का पहला दिन। जीवन पूर्ववत् बीमारी के कारण जिया नहीं जा सकता; परंतु मस्ती में जीना मेरा निश्चय है। आनेवाले कल का भी इसी तरह स्वागत करूँगा।

कष्ट का कष्ट

पैथोलॉजिकल टेस्ट की सब रिपोर्ट सही होने के बाद भी रोग निर्मूल न हुआ था। वकील साहब भी इस सत्य स्थिति से भलीभाँति परिचित थे। कैंसर नाम ही ऐसा है कि दृढ़ से दृढ़ मनोबल वाला भी हिम्मत छोड़ ढीला हो जाता है; परंतु वकील साहब स्वस्थ थे। 'प्रत्येक व्यक्ति जन्म लेते समय अमुक

काल और अमुक समय लेकर आता है। वह पूरा होने के बाद इस दृश्य जगत् से विदाई लेता है।' ये शब्द केवल दूसरों को सांत्वना देने के लिए नहीं थे, अपितु वकील साहब के जीवन के साथ बुने हुए थे। प्रभु से उन्होंने कार्य हेतु दो वर्ष माँगे थे और उन्हें मिले, अन्य कोई चिंता नहीं थी। मृत्यु का भय नहीं था। केवल मन में एक पीड़ा थी कि मेरे कारण इतने सारे स्वयंसेवक बंधुओं को चिंता करनी पड़ेगी। १९ सितंबर, १९८३ के दिन श्री नरेंद्र भाई मोदी को लिखे पत्र में अपनी व्यथा व्यक्त करते हुए वे लिखते हैं, 'तुम सभी यहाँ आते हो, पत्र लिखते हो, तब जो समाधान होता है, उसे व्यक्त करने के लिए मेरे पास शब्द नहीं हैं; परंतु मेरे कारण इतने लोगों को चिंता होती है उसका मन में दुःख होता है। तबीयत ठीक न होते हुए भी दिनकर भाई यहाँ आए। मन में विचार आता है कि परमेश्वर से प्रार्थना करूँ कि जिस ममत्व का मैं अनुभव कर रहा हूँ, वो आज ही कर रहा हूँ, ऐसा नहीं है। इस अपनत्व से जिस संघ कार्य का निर्माण हुआ है वह कार्य मेरे शरीर द्वारा आखिर तक पूरा होता रहे, यही इच्छा पूर्ण हो।' यही भावनाएँ गिरीश भाई भट्ट और दिनकर भाई मेहता को लिखे पत्रों से भी स्पष्ट होती हैं।

ध्येयनिष्ठा को परिपूर्ण करने की तड़प कैसी होती है, इसके उपनिषद् और पुराण में दो उदाहरण देखने को मिलते हैं। एक है नचिकेता और दूसरा सावित्री का। इन दोनों पात्रों को कहीं मृत्यु का भय नहीं। ध्येय की सिद्धि के लिए मृत्यु उनके आगे कितनी पंगु हो गई। माननीय वकील साहब का व्यक्तित्व भी इन्हींके समान है, ऐसा लगता है। मृत्यु के सामने इस ध्येयनिष्ठ व्यक्तित्व की टकराहट कैसी थी, इसका चित्रण करते हुए डॉ. मूले लिखते हैं, 'सन् १९८५ के फरवरी मास में कैंसर ने अचानक फिर से अपना जोर दिखाया। Doonment cells became active again. इसलिए कैमोथैरेपी का दूसरा कोर्स प्रारंभ किया गया। विदेश से भी कुछ दवाएँ मँगाई गईं। इलाज प्रारंभ हुआ, परंतु इस बार ट्रीटमेंट अपना कोई प्रभाव नहीं दिखा रहा था। उनकी सेहत दिनोदिन कमजोर होती गई। ऐसी स्थिति में भी, मन की अनिच्छा होते हुए भी उनकी इच्छा का सम्मान करते हुए नागपुर की केंद्रीय बैठक में जाने की मैंने मंजूरी दी और उनके मन को शांत किया। परंतु हालत ज्यादा बिगड़ गई, ब्लड प्रेशर कम हो गया और आखिर विमान से उन्हें मुंबई लाया

गया। उसके बाद राजकोट में संघ शिक्षा वर्ग प्रारंभ हुआ। स्वास्थ्य की ऐसी हालत में राजकोट जाने की इच्छा व्यक्त की; परंतु अधिकारी उन्हें राजकोट नहीं जाने देना चाहते थे। अधिकारियों ने मुझे भी मना किया। परंतु उन्होंने सुन लिया और कहा, 'कुछ अधिकारियों की बात सही है। तुम्हारी बात भी सही है, परंतु अब दुनिया से विदाई लेनी ही है तो एक बार सबसे मिलकर मन का समाधान कर लेने दो।' मैं दुविधा में पड़ गया। आखिर में किसी भी क्षण पर collapse होने की पूरी संभावना देखते हुए भी मैंने राजकोट ले जाने का निश्चय किया। हम राजकोट पहुँचे। वर्ग में निर्धारित से अधिक समय तक बोले। राजकोट, अमदाबाद, वडोदरा स्थित स्वयंसेवक बंधुओं एवं उनके परिवारों से मिले। वहाँ से वापस आए, तब थककर चूर हो चुके थे; परंतु सबसे मिल लेने की प्रसन्नता उनके चेहरे पर थी।

भीष्म पितामह की स्मृति

राजकोट के संघ शिक्षा वर्ग से लौटते समय वकील साहब अमदाबाद कार्यालय में रुके थे। वहाँ भी नए-पुराने स्वयंसेवक उनके दर्शन हेतु आए थे। उनमें माननीय विनायकराव वणीकर भी थे। वकील साहब के साथ हुई मुलाकात वणीकरजी के शब्दों में, 'मैं अपने समस्त परिवार के साथ मिलने गया था। वे बिस्तर पर सोए हुए थे। उनको देखने के बाद लगा कि वकील साहब के साथ यह अंतिम मुलाकात है और मुझे शरशय्या पर सोए भीष्म पितामह की याद आई। जिज्ञासु लोग इस अवस्था में भी भीष्म पितामह से अनेक प्रश्न पूछते थे। मेरे सामने लेटे इस तपस्वी से प्रश्न पूछने का मोह मैं टाल न सका। मैंने पूछा, 'वकील साहब, आजकल आपके मन में कैसे विचार आते हैं?' वकील साहब ने सहजता से उत्तर दिया, 'दो विचार मेरे मन में आते हैं। एक तो शाखा का विचार और दूसरा विचार आता है No man is indispensable. वे अंग्रेजी में बोले थे, अर्थात् किसीके बगैर काम रुका नहीं रहता। मुझे पूज्य गुरुजी के उस वाक्य की याद आई। गुरुजी ने कैंसर के ऑपरेशन के बाद लंदन से श्री सर्व सत्यार्थी नाम के एक स्वयंसेवक को चिंता व्यक्त करते हुए एक पत्र लिखा था—'In the grand scheme of God no person is indispensable, for he has an unlimited power to create whatever and wherever is needed to carry on his play.' अर्थात् परमेश्वर की महान् योजना में कोई व्यक्ति अनिवार्य नहीं; क्योंकि अपना कार्य करने के लिए जो कुछ और जिस किसीकी आवश्यकता होती है, उसके सर्जन की उसके पास अगाध शक्ति है। ऐसे नाजुक हालात में भी जब जयंतीभाई शाह की पत्नी उनकी तबीयत देखने आईं तो मैग्नेट के लिए पूछना वे भूले नहीं। पूना जाते समय दो दिन वडोदरा रुके थे। बाबूभाई ओझा से अंत समय में मिल नहीं पाए थे, अत: उनके परिवारजनों को मिलकर सांत्वना देने के लिए उनका दिल छटपटा रहा था। उन मिलने आनेवाले लोगों को भी वे कष्ट दे रहे हैं, ऐसा वे समझते थे।

वकील साहब वडोदरा से मुंबई आए। बाबूभाई बड़गामा तब उनकी तबीयत विषयक कुछ विचार व्यक्त करते हैं, जो देखने लायक हैं, 'समाचार मिला कि वकील साहब मुंबई आए हैं। उनकी तबीयत बहुत खराब है। मैं उनसे मिलने गया, वे सोए हुए थे। थोड़ी देर बाद आँखें खोलीं। आँखों और चेहरे के भाव से उन्होंने आनंद व्यक्त किया। इशारे से पानी माँगा। मैंने चम्मच से पानी दिया, परंतु बड़ी कठिनाई से कुछ पानी गले से नीचे उतार सके, बाकी का दाहिनी ओर से बाहर निकल गया। मुँह की कंट्रोल शक्ति लगभग नष्ट हो गई है, ऐसा स्पष्ट दिखाई दे रहा था। अत्यंत दु:ख के साथ मैं चुप्पी साधे बैठा रहा। अस्पष्ट आवाज से उन्होंने कहा, 'राजकोट गया था। सबको मिला।' मैंने कहा, 'मोहन भाई थे?' उन्होंने कहा, 'हाँ, वो भी मिले। अब पूना जा रहा हूँ।' मैंने कहा, 'मैं पूना साथ चलूँ, थोड़े दिन आपके पास रहूँगा।' उन्होंने कहा, 'नहीं, विशेष आवश्यकता नहीं।' कमजोरी के कारण अधिक बात न हो पाई।'

मुंबई थोड़े दिन रुककर वे पूना आ पहुँचे। पूना आते ही उन्हें डॉ. मूले के हॉस्पिटल में फिर दाखिल किया गया। उपचार प्रारंभ हुआ, परंतु कोई असर न था।

बीमारी की इस हालत में भी उनकी कार्यनिष्ठा अडिग थी और मनोबल मजबूत था, स्मृति भी तेज थी। इस कालखंड में श्री राजाभाई नेने वकील साहब से मिलने के लिए विशेषतौर पर पूना गए थे। श्री राजाभाई लिखते हैं, '१८ जून, १९८५ के दिन मैं माननीय दत्तोपंत ठेंगड़ीजी के साथ वकील

साहब से मिलने गया। वकील साहब उस समय डॉ. मूले के हॉस्पिटल में थे। रास्ते में तरह-तरह के विचार मन में आते थे। लगभग छियालीस वर्ष का पुराना संबंध फिल्म की तरह आँखों के सामने से खिसकता जा रहा था। उनकी मृत्यु अब अटल है, यह विचार ही मन को अस्वस्थ बना देता था। साथ-साथ एक और विचार मन में आता है, अपने इस तपस्वी सहयोगी की, संघ के ज्येष्ठ कार्यकर्ता की अंतिम इच्छा जान लूँ और हो सके तो संघ ने जो कुछ शक्ति, बुद्धि, संस्कार दिए हैं, उसका उपयोग इस इच्छा को पूर्ण करने में करूँ। इस विचार के साथ मैंने हॉस्पिटल में पाँव रखा। वकील साहब बिस्तर पर पड़े थे। बड़ी मुश्किल से धीरे-धीरे बोल पा रहे थे। पाँच मिनट तक साथ रहकर माननीय दत्तोपंतजी डॉ. मूले से मिलने अंदर चले गए। धीरे-धीरे मैंने बात प्रारंभ की। एक ओर उनकी इस समय की यह विकलांग अवस्था देखने के बाद मन में आया कि लंबी चर्चा में उतरना बिलकुल मूर्खता है; परंतु दूसरी ओर मन कहता, फिर यह मुलाकात होगी? आखिर निर्णय कर बात प्रारंभ की। प्रारंभ में पं. दीनदयाल विचार दर्शन का काम पूरा होने से बात प्रारंभ की। इस काम के लिए प्रारंभ से ही उन्हें विलक्षण आत्मीयता थी। उस काम के पूरा होने का संतोष उनके चेहरे पर स्पष्ट दिखाई देता था। उन्होंने कहा, 'Bunch of thought जैसा ही यह एक Monumental work हुआ है।'

जीवन मूल्यों का प्रयत्न

'उसके बाद हमारी बातचीत अमुक प्रासंगिक प्रश्नों पर चली; परंतु मैं अधिक प्रश्न पूछूँ, इससे पहले ही रोककर उन्होंने कहा, 'राजाभाई, तुमने छह मास पूर्व 'नवयुग' संघ कार्यालय में जो प्रश्न पूछा था, वह यह प्रश्न नहीं। उस समय का विषय अधिक महत्त्व का है।' कैंसर से प्रत्येक अंग पीड़ित होते हुए भी मैं उनके स्मरण और अनुसंधान पर आश्चर्यचकित हो गया। 'नवयुग' में चर्चित प्रश्न था—'जीवन मूल्यों' का। उस समय मैंने पूछा था, संघ और संघ परिवार का काम देश भर में बढ़ रहा है, यह संतोष की बात है। परंतु संघ का यह परिवार का अंग कहते ही जो कुछ जीवन मूल्य हमारे आचार-विचार में होने चाहिए, उनकी अपेक्षा होती है। इस

विषय में हमारा आग्रह कम होता जा रहा है। यह परिस्थिति यदि ऐसी ही चलती रहेगी तो कार्य का विस्तार होकर भी अपेक्षित समाज परिवर्तन नहीं हो सकेगा।

'हमारी यह बातचीत चल रही थी तभी माननीय दत्तोपंतजी आ पहुँचे। वकील साहब ने उनके और मेरे बीच की बात का सारांश बताया। 'यह प्रश्न बहुत महत्त्वपूर्ण है, मेरी प्रार्थना है कि तुम इस प्रश्न पर अधिक ध्यान दो। तुम ध्यान दोगे तो मुझे विश्वास है कि इसका समाधान होगा।' माननीय दत्तोपंतजी ने उन्हें इतनी ही स्पष्टता से निसंदिग्ध आश्वासन दिया। वकील साहब को बहुत-बहुत संतोष हुआ।'

डॉ. मूले के अस्पताल में सुश्रूषा बराबर चल रही थी। दवाएँ चल रही थीं, परंतु असर नहीं हो रहा था। अब इलाज कुछ नहीं कर पाएगा। अतः उनकी इच्छानुसार उन्हें २५ जून, १९८५ को हॉस्पिटल से मोतीबाग के संघ कार्यालय में लाया गया।

वे कुछ तरल पदार्थ ले सकते थे, परंतु उसे भी गले से नीचे उतारने में काफी कष्ट होता था। कमजोरी बढ़ती गई, दर्द बढ़ता गया, दवा हारती गई। बोलना भी लगभग बंद हो गया। पूज्य सरसंघचालकजी मिलने आए, तब उनके साथ भी बात नहीं कर सके । पूज्य बालासाहब ने उनका हाथ अपने हाथ में लिया। दोनों मूक थे, परंतु दोनों की आँखों से टपके आँसू बहुत कुछ कह गए थे। आखिरी क्षणों में भी पूज्य सरसंघचालकजी के दर्शन हुए, इसकी प्रसन्नता चेहरे पर स्पष्ट झलक रही थी।

इस अवस्था में एक-दो दिन और गुजर गए। १४ की शाम को कमजोरी और बढ़ गई। साँस और नाड़ी की गति धीमी हो गई। इस हालत में भी रात को लगभग ढाई बजे दवा ली, उसके बाद हलन-चलन लगभग बंद हो गया। आँखें बंद हो गईं। जीवन यात्रा पूरी करने का समय नजदीक आने लगा, परंतु उसका भय न था। इस जीवन के कर्तव्यों का हिसाब पूरा-पूरा चुका दिया था। वर्षों पूर्व पूज्य डॉक्टर साहब के पास भगवा ध्वज के साक्ष्य में ली गई प्रतिज्ञा को पूर्ण करने की प्रसन्नता उनके निश्छल चेहरे पर स्पष्ट दृष्टिगत होती थी। इस समाधान के साथ ही दूसरे दिन सुबह वकील साहब ने चिर विदाई ली। अंतिम पचास वर्षों से छोटे-बड़े अनेक लोगों को प्रकाश और

ऊष्मा देती उनकी जीवन ज्योति बुझ गई। ऐसा भी कैसे कहा जा सकता है? वकील साहब जैसे मृत्युंजय विभूति की जीवन ज्योति कभी बुझती होगी! वे तो एक दीप से जले दूसरा दीप—ऐसी अगणित हो सकती है। एक-एक कर जागे भारत संघ मंत्र के द्वारा इस लक्ष्य की ओर बढ़ रहे असंख्य पथिकों के हृदय में समा गई। ध्येयसिद्धि के लिए अखंड कार्यरत रहने की अनुपम प्रेरणा और प्रकाश प्रदान करती है।

तपस्वी गया तप रहा।

□

संघ दर्शन

(वकील साहब के शब्दों में)

जैसा समाज वैसा देश

दुनिया के भिन्न-भिन्न देशों के इतिहासों को देखें तो हमें मिलता है कि समाज के केवल कुछ लोगों के अच्छे होने से उसकी उन्नति नहीं हो सकती। उस देश के सामान्य नागरिक का व्यक्तिगत एवं सामाजिक चरित्र भी ऊँचा हो, तभी वह राष्ट्र विश्व में स्वाभिमान से ऊँचा रह सकता है। 'A Nation is as great or small as its average citizens.' ऐसा कहा जाता है। यह सत्य है। इस दृष्टि से इंग्लैंड का उदाहरण लिया जा सकता है। फ्रांस, बेल्जियम आदि देशों की देखते-ही-देखते पराजय हुई। इतना ही नहीं, डंकर्क में इंग्लैंड को भी शर्मनाक पराजय स्वीकारनी पड़ी। आज तक दुनिया में इंग्लैंड विषयक जो नाम था, इस पराजय से उसको धक्का लगा; परंतु वहाँ की प्रजा का आत्मविश्वास अभी डगमगाया नहीं था। उसका जोश अभी भी टिका था। इंग्लैंड की प्रजा ने चर्चिल के नेतृत्व में परिस्थिति का बड़े आत्मविश्वास के साथ सामना किया और अंत में वह विजयी रहा। स्वाभाविक रूप से वहाँ की जनता ने चर्चिल को स्वीकार किया। इस सत्कार समारोह में एक वक्ता ने कहा, 'Mr. Churchil is the lion of England.' चर्चिल ने इसका उत्तर देते हुए कहा, 'You are the lion of England. I simply roared for you.' चर्चिल अच्छी तरह जानते थे कि किसी भी देश की सच्ची ताकत उसकी प्रजा में होती है, किसी एक-दो व्यक्ति में नहीं।

इजराइल का उदाहरण

इजराइल का इतिहास भी यही बताता है। दो हजार वर्ष पूर्व आक्रमणकारियों ने इजराइल को तहस-नहस कर डाला। वहाँ के कुछ लोग विश्व में भिन्न-भिन्न स्थानों में बिखर चुके थे, फिर भी अपने आत्मगौरव से भरे पहले और दूसरे विश्वयुद्ध की परिस्थिति का लाभ उठाकर उन्होंने अपना राष्ट्र खड़ा किया। आज तेरह-तेरह दुश्मनों से घिरा होते हुए भी वह अपने दुश्मनों को झुकाकर आगे बढ़ रहा है।

इजराइल ने यह जादू किस तरह किया, इसे जानने के लिए एक पत्रकार वहाँ गए थे। यह पत्रकार ने केवल ज्यू अर्थात् लोभी व्यापारी ज्यूपीव अर्थात् मक्खीचूस आदि के बारे में ही सुन रखा था; परंतु ऐसे ज्यू लोगों ने केवल कुछ ही दिनों में अपने सभी शत्रुओं को कैसे परास्त कर दिया, उसे पता चला। प्रत्येक इजराइली सैनिक वेतन के लिए नहीं, अपितु राष्ट्र के लिए लड़ा और उन्हीं दिनों ही नहीं, भविष्य में भी अपने देश के लिए स्वाभिमान से, गौरव से स्थिर खड़ा रहा। सैनिकों की इस भावना के साथ-साथ सामान्य नागरिकों ने भी अपनी-अपनी भूमिका अदा की।

राष्ट्र भावना की विस्मृति

जैसे कोई राष्ट्र उस राष्ट्र के नागरिकों से श्रेष्ठ होता है, वैसे ही राष्ट्र का पतन भी उस देश के लोगों में राष्ट्र भावना न होने से होता है। हमारे देश का इतिहास इस बात का प्रत्यक्ष साक्षी है। मुहम्मद बिन कासिम ने सिंध पर आक्रमण किया, अन्य मुसलमान सरदारों ने भी आक्रमण किया। मंदिरों को तोड़कर वहाँ मसजिदें खड़ी कीं, अनेक हिंदुओं को मुसलमान बनाया; परंतु समाज में जागृति अभाव के कारण मसजिद और मुसलमान वैसे के वैसे रहे।

सोमनाथ पर आक्रमण करनेवाले मोहम्मद गजनी ने अपने ध्येय को छिपाकर रखा। सोमनाथ मंदिर तोड़ने के बहाने मार्ग में अनेक हिंदू राजा होते हुए भी गजनी सोमनाथ तक पहुँच गया। मार्ग के हिंदू राजा पराक्रमी न थे, ऐसा नहीं; भीरु थे, ऐसा भी नहीं; फिर भी उन्होंने गजनी को नहीं रोका। गजनी ने उनसे कहा, मेरी तुमसे कोई लड़ाई नहीं है। केवल तुम्हारे प्रदेश से होकर जा रहा हूँ, उसके बदले मैं तुम्हें धन दूँगा। राजा उसकी बातों में आ

गए और मुफ्त का झगड़ा कौन मोल ले, यह सोचकर गजनी को सोमनाथ तक जाने दिया। इतना ही नहीं, उसे मार्ग बताने में भी मदद कर दी। अन्य सोचने जैसी बात भी है। राजस्थान के लोगों का इष्ट देव भगवान् एकलिंग है, जोकि शिवजी का रूप है। सोमनाथ बारह ज्योतिर्लिंगों में से एक होने से सोमनाथ पर प्रहार, अपने इष्ट देव पर प्रहार है। यह भी राजस्थान के राजाओं के ध्यान में न आया। संपूर्ण समाज मेरा है और सभी श्रद्धा स्थान मेरे हैं, यह भाव न हो तो क्या किया जाए! इसीलिए परम पूज्य हेडगेवारजी ने सोचा कि अंग्रेजों को तो इस देश से निकालना ही है; परंतु उसके साथ-साथ राष्ट्रभक्ति को जाग्रत् कर संपूर्ण समाज को संगठित करने की आवश्यकता है।

समाज को संगठित करना ही संघ का उद्देश्य है, ऐसा हम कहते हैं। परंतु उसका अर्थ है समाज के भिन्न-भिन्न अंगों में अपने राष्ट्र के प्रति अभिमान जाग्रत् करना। उनमें समान संवेदना की अनुभूति जगाना। सच्ची शक्ति जागरूक एवं संगठित समाज में होती है, न कि थोड़े से लोगों में—इस विश्वास को बनाए रखना। राज बदलने से समाज बदलेगा, यह विचार सही नहीं है। परिवर्तन संपूर्ण समाज का होना चाहिए। सन् १९४७ में अंग्रेज यहाँ से चले गए। शासन अपने हाथ में आया, परंतु क्या समाज का परिवर्तन हुआ? शासकीय परिवर्तन से हम उदासीन रहे, वह नहीं चलेगा; परंतु अपना ध्येय संपूर्ण समाज का मूल्य आधारित परिवर्तन होना चाहिए।

छोटे-बड़े उद्देश्यों को सामने रखकर काम करनेवाले लोग होते हैं। ग्राम पंचायत जैसी संस्थाओं में चुनकर आने के लिए दौड़-धूप करनेवाले लोग कम नहीं होते और उनकी चापलूसी करनेवाले भी मिल जाते हैं। वास्तव में व्यक्ति समाज के कारण ही उन-उन स्थानों तक पहुँच सकता है, यह हम अनेक बार देखते हैं। ऐसा व्यक्ति भी समाज हित का नहीं, अपितु स्वहित का और अपने ही स्वार्थ का विचार करता है।

व्यक्तिगत व्यवहार का महत्त्व

एक बात कभी न भूलने की है कि व्यक्ति समाज का अंग है। व्यक्ति समाज में रहता है और छोटे-बड़े व्यवहार का समाज जीवन में प्रभाव पड़ता है। अतः व्यक्ति को अपनी प्रकृति और रुचि अनुसार व्यवहार करना पड़ता

है; परंतु अपने इस व्यवहार से समाज को कष्ट सहन न करना पड़े, यह देखना पड़ता है। समाज जीवन में परस्पर सहयोग और व्यवस्था मुख्य है। एक-दूसरे के प्रति विश्वास से ही सहयोग सहजता से मिल सकता है। अपने सामान्य व्यवहार में से विश्वास या अविश्वास निर्माण होता है। अत: छोटे-बड़े व्यवहार में भी ध्यान रखना चाहिए।

वचन पूरा करना, दिए गए समय पर पहुँचना आदि बातें सामान्य लगती हैं; परंतु छोटी-छोटी घटनाओं से ही मनुष्य के व्यक्तिगत एवं राष्ट्रीय चरित्र का निर्माण होता है। समय पालन का आग्रह बेशक जीवन की सामान्य बात न हो, परंतु बड़ी जिम्मेदारी के समय वह महत्त्वपूर्ण संभव हो सकता है। एक व्यक्ति के ऐसे व्यवहार के कारण एक-दूसरे का विश्वास नष्ट होता है। विश्वास के अभाव में सहयोग संभव नहीं और उससे समाज जीवन में अव्यवस्था खड़ी होती है। इसलिए जब हम समाज परिवर्तन की अपेक्षा रखते हैं तो उसका प्रथम भाग अर्थात् मैं हूँ और मुझमें कितना परिवर्तन हुआ है इसका सर्वप्रथम विचार करना पड़ेगा। मैं जो कार्य करता हूँ, उसका प्रभाव दूसरों पर भी पड़ता है। इसी तरह देश की स्थिति अच्छी नहीं और उसको बदलने की तीव्र इच्छा नागरिकों में आए, ऐसी मेरी इच्छा है; परंतु उन नागरिकों में से मैं भी एक हूँ, अर्थात् वह अपेक्षित योग्यता मैं भी प्राप्त करूँ। इस दृष्टि से मेरा सारा परिश्रम होना चाहिए, तभी उसका परिणाम समाज जीवन में देखा जा सकता है।

आत्मीयता में असीम बल

व्यक्ति में ऐसा परिवर्तन आए, इसके लिए व्यक्ति के मन में समाज विषयक आंतरिक आत्मीयता होनी आवश्यक है। समाज सेवा के लिए यहीं से आवश्यक शक्ति प्राप्त होती है। प्रकृति ने मुनष्य के अंत:करण का निर्माण इस तरह से किया है कि वह जिसे अपना मानता है उसके लिए सबकुछ कर देने के लिए तत्पर रहता है। न तो उसे कोई भी वस्तु असंभव लगती है और न ही कोई संकट उसे डरा सकता है, जिसके लिए शिवाजी महाराज के समय में हीरकणी ग्वालन का लेखक ने सुंदर उदाहरण दिया है। जिसने किले की ऊँचाई, पहरेदारों की कठोरता और मृत्यु तक के भय को दूर कर अपने बच्चे

को दूध पिलाने के लिए घर पहुँच गई।

संपूर्ण समाज मेरा है

बच्चे के प्रति अनहद वात्सल्य से असंभव लगते कार्य को करने का हीर हीर में पैदा हुआ। यह अपनेपन की भावना प्रत्येक व्यक्ति के अंत:करण में निहित होती है, जो अपने परिवार का, अपनी जाति का, अपने राज्य का विचार करता है; परंतु दुर्भाग्य से पूरे हिंदू समाज के लिए कोई नहीं सोचता।

हमारे राष्ट्र में प्रत्येक व्यक्ति के जीवन में इतना ही परिवर्तन करने की आवश्यकता है कि यह संपूर्ण समाज मेरा है और इसके लिए मैं सबकुछ समर्पित कर दूँगा। राष्ट्र की परिभाषा क्या है, अपनी संस्कृति की विशेषता क्या है? इन सभी बातों की उसे खबर हो न हो, इसके बगैर चल सकेगा। राष्ट्रीय स्वयंसेवक संघ की शक्ति इसीमें निहित है कि स्वयंसेवक किसी भी काम को करते समय संपूर्ण समाज को अपना मानता है। इस भावना का निर्माण होने के बाद उसके संपूर्ण जीवन में परिवर्तन आता है।

सन् १९५० से मैं गुजरात का विभाग प्रचारक था। हमारे विभाग में राजकोट में संघ शिक्षा वर्ग का आयोजन हुआ था। स्वाभाविक रूप से आवास तय करने की जिम्मेदारी मेरी थी। प्रांत के अधिकारी का पत्र लेकर मैं आवासगृह के काम के लिए गया। आठ दिन के बाद मैं फिर उनके यहाँ गया। उन्होंने मुझसे कहा, 'चार दिन के बाद आओ, समिति की बैठक होगी, उसमें आपका विचार रखा जाएगा।' चार दिन बाद मैं फिर वापस गया। उन्होंने मुझसे कहा, 'समिति की बैठक तो हुई, परंतु आपका विषय रखने का समय ही नहीं रहा।' फिर उन्होंने मुझसे पूछा, 'आप इतना आना-जाना क्यों करते हैं? क्या आपके घर का मंगल कार्य है, बहन की शादी तो नहीं है? यह तो समाज का कार्य है।' मैंने उनसे कहा, 'बहन की शादी होती तो दूसरी बार भी नहीं आता। समाज का काम होने के कारण ही तीन बार आया हूँ।' इसमें प्रतिष्ठा का प्रश्न ही कहाँ है? समाज के कार्य के लिए इस प्रकार जाना पड़े तो हमें अपमान लगता है; परंतु व्यक्तिगत कार्य हेतु कितनी बार भी जाना पड़े, हमें कुछ नहीं लगता। अपना जीवन इतना आत्मलक्ष्ययी बन गया है कि अपने कार्य समाज अनुरूप हों, इसके लिए जीवन का दृष्टिकोण भी ऐसा होना

चाहिए। आपदा के समय, कठिनाई के समय भी जीवन को समाज के साथ समरस हो जाना चाहिए।

सामाजिक परिवर्तन अर्थात् समाज के सभी अंगों का विचार, उसका आदर्श, आकांक्षाएँ और व्यवहार में परिवर्तन का यह कार्य किसी एक व्यक्ति या व्यक्ति समूह का नहीं, अपितु समाज का है। अतः यह परिवर्तन भी कुछ थोड़े लोगों के परिश्रम से नहीं, अपितु पूरे समाज के परिश्रम से होना चाहिए। इसलिए अपना कार्य संपूर्ण हिंदू समाज को संगठित करना है। हिंदू समाज में कोई एक संगठन खड़ा करना नहीं है! संपूर्ण हिंदू समाज राष्ट्रहित की दृष्टि से विचार करने लगे, यह कदम क्यों न हो! और इस दिशा में आगे बढ़े, यही अपना लक्ष्य है।

□

अपनी शाखा

अपने कार्य का लक्ष्य संपूर्ण हिंदू समाज में परिवर्तन लाना है। इसी परिवर्तन के लिए अपनी दैनंदिन शाखा है।

यह परिवर्तन संस्कारों से आता है। योग्य संस्कारों से मनुष्य का शारीरिक, मानसिक एवं बौद्धिक विकास होता है।

प्रत्येक व्यक्ति संस्कारक्षम होता है। पत्थर पर कुशल क्रिया कर उसमें से सुंदर मूर्ति निकाली जाती है। मनुष्य की भी कुछ ऐसी ही स्थिति है।

व्यक्ति निर्माण में दो बातें विशेष रूप से काम आती हैं। एक आनुवांशिक विरासत और कुछ गुण-दोष विरासत मे मिले होते हैं। दूसरी बात वातावरण, परंतु इस विषय के विद्वानों का ऐसा कहना है कि गुणों में से केवल दस प्रतिशत गुण ही आनुवांशिक होते हैं, जबकि नब्बे प्रतिशत गुण उसके आस-पास के वातावरण की परिणति होती है। उसके बाद भी व्यक्ति के प्रारंभ के छह वर्ष, जोकि नींव का समय होता है, उसमें संस्कारों का असर व्यक्ति के निर्माण में विशेष होता है। शुरू में व्यक्ति आत्मकेंद्रित होता है। परिवार में मिले संस्कारों से वह धीरे-धीरे समाजाभिमुख हो जाता है। समाजाभिमुख जीवन संस्कारित जीवन की निशानी है।

परिवार से मिले संस्कारों की परिभाषा क्या है? परिवार में प्रकृति की, उम्र की, शिक्षा की, स्त्री-पुरुष की विविध भिन्नता होती हैं। इन भिन्नताओं में कुछ अधिक महत्त्व की, कोई कम महत्त्व की, ऐसी भावना किसीके मन में नहीं होती। एक के गुण के गौरव में सारा परिवार गौरव का अनुभव करता

है। दोष या अपयश से दु:खी होता है। जैसे व्यक्ति के विकास के लिए आत्मीयता का वातावरण उपयोगी और आवश्यक होता है वैसे ही जीवन के विकास के लिए भी आवश्यक होता है व्यक्ति के अंत:करण को जाग्रत् करने का स्थान अर्थात् अपनी शाखा।

संघ स्थान

शाखा का विचार करते ही सबसे पहले अपनी दृष्टि संघ स्थान पर जाती है। सामान्यत: देखा जाए तो संघ स्थान यानी खाली जगह या स्थान हैं। परंतु संघ स्थान कहते ही हमारे मन के सभी भाव बदल जाते हैं और हमारा मन मंदिर जैसा पवित्र हो जाता है। वह स्थान मैदान न होकर मंदिर बन जाता है, इसलिए उसका ध्यान और उसकी पवित्रता मंदिर जैसी ही बनाए रखनी चाहिए। जिस प्रकार के गुण, संस्कार और क्षमता हमारे स्वयंसेवकों में होनी चाहिए, उसी प्रकार के कार्यक्रम हम शाखा में करते हैं। जिससे स्वयंसेवकों में संस्कार निर्माण होता है, आपसी एकता, आत्मीयता, कर्तव्य-भाव, निडरता, अनुशासन और खेल भावना जैसे गुण भी स्वयंसेवक में आते हैं। कुल मिलाकर धीरे-धीरे उसका जीवन ही बदल जाता है। शाखा में ध्वज के सामने खड़े रहकर हम प्रार्थना करते हैं। हिंदू राष्ट्र के हम सभी अंग-प्रत्यंग हैं और इस राष्ट्र को परम वैभव प्राप्त कराने के लिए संगठित करने का वीरव्रत हमने लिया है। इस लक्ष्य की प्राप्ति के लिए हम शक्ति, ज्ञान और चरित्र की उपासना कर रहे हैं। उसका स्मरण बना रहे, यही प्रार्थना का हेतु है।

ईश्वर ने प्रत्येक मनुष्य को शक्ति दी है। आवश्यकता है उसे जागरूक कर योग्य दिशा में मोड़ने की, और यह शक्ति मोड़ने का काम संघ शाखा करती है।

परिवर्तन की दिशा

शाखा के वातावरण में मनुष्य के जीवन में अनेक परिवर्तन आते हैं। अब तक केवल व्यक्तिगत स्वार्थ का विचार करनेवाला धीरे-धीरे समाज के हित का भी विचार करने लगता है। यह ठीक है कि प्रत्येक व्यक्ति भगतसिंह

या लक्ष्मीबाई नहीं बन सकता; परंतु वह ऊर्ध्वगामी होता है। श्रेष्ठ बनना उसे पसंद है और जब कोई श्रेष्ठ विचार उसे छू जाता है तो अपने जीवन में उसे उतारने का प्रयास करता है। शाखा के वातावरण में यह प्रक्रिया शुरू होती है। उसके जीवन की दिशा में परिवर्तन होता है और हम सभी के हैं, इसकी नित्य अनुभूति होती है।

शाखा का प्रभाव

यह सब होते हुए भी कई बार उसके मन में आता है—इतना बड़ा हिंदू समाज और मेरी तो इतनी छोटी सी शाखा, जिसमें दस-पंद्रह शिशु, आठ-दस बाल, अधिक-से-अधिक चार-पाँच तरुण, जिनके सामने हमने यह लक्ष्य रखा है। इतनी शक्ति के भरोसे पर हम क्या कर पाएँगे?

परंतु यह विचार सही नहीं है। कई बार छोटी दिखती शाखा का भी प्रभाव अधिक होता है। जिसके लिए हिमशिला का उदाहरण बहुत सुंदर रहेगा। हिमशिला की सतह पानी से बाहर तो केवल छोटी सी दिखाई देती है, परंतु उससे कई गुना बड़ा भाग पानी के अंदर होता है, जो बड़े-बड़े स्टीमर तोड़ देती है। शाखा की शक्ति के बारे में ऐसा ही कहा जा सकता है। आवश्यकता है शाखा में आनेवाले स्वयंसेवकों की उपस्थिति बढ़ाने की।

प्रभाव विस्तृत होता है

स्वयंसेवक द्वारा शाखा से प्राप्त किए गए संस्कार केवल उस तक या शाखा समय तक नहीं होते हैं। उसके उन संस्कारों का प्रभाव उसके परिवार तक पड़ता है। स्वयंसेवक के परिवार के सभी लोग शाखा में आते हैं, ऐसा भी नहीं, फिर भी स्वयंसेवक के संस्कार, आचार-विचार के कारण पूरा संघ परिवार संघ कार्य करना चाहता है और धीरे-धीरे उसका प्रभाव पड़ोसी परिवारों पर भी होता है। संघ के अनेक छोटे-बड़े कार्यक्रमों में कई चीजों की आवश्यकता होती है, जिसके लिए इन परिवारों का सद्भाव और सहयोग बड़ी प्रसन्नता से मिल जाता है। भौतिक साधनों के अतिरिक्त प्रवासी कार्यकर्ताओं की भोजन व्यवस्था भी बड़ी सरलता और प्रसन्नता से इन परिवारों में हो जाती है। आपातकाल के दौरान इसका अनुभव बड़ा हृदयस्पर्शी रहा।

उपस्थिति बढ़े, गुण बढ़े

स्वयंसेवक के निर्माण में शाखा के विविध कार्यक्रमों का महत्त्वपूर्ण योगदान होने से इस विषय में अत्यधिक जाग्रत् रहना चाहिए; परंतु कार्यक्रमों की तरह ही शाखा के स्वयंसेवकों की संख्या भी उतनी ही पर्याप्त होनी चाहिए। शाखा में केवल तीन-चार स्वयंसेवक हों, शाखा नियमित चलती न हो, कार्यक्रम बराबर न होते हों, स्वयंसेवक देरी से आते हों, ऐसी शाखा आकर्षण का केंद्र नहीं बन सकती। उपस्थिति के साथ-साथ स्वयंसेवकों में अपेक्षित गुण भी आ रहे हैं या नहीं, इस विषय का भी ध्यान रहना चाहिए। क्योंकि यदि अपेक्षित गुण नहीं आते तो शाखा का कोई अर्थ नहीं। संख्या के साथ-साथ क्वालिटी का सुधार आवश्यक है।

संक्षेप में कहें तो अपने लक्ष्य विषयक कार्यक्रमों द्वारा लक्ष्य के अनुरूप अपेक्षित गुणों का विकास हो सकता है और समाज परिवर्तन की ओर बढ़ा जा सकता है।

□

पुरुषार्थी कार्यकर्ता

किसी भी कार्य की सफलता में तीन बातें अधिक महत्त्वपूर्ण होती हैं— १. कार्य, २. कार्यपद्धति, ३. कार्यकर्ता।

कार्य सिद्ध करने के उपकरण के रूप में कार्यपद्धति अति महत्त्वपूर्ण है, और कार्यकर्ता के पुरुषार्थ से ही कार्य सिद्ध होता है। अत: कार्यकर्ता महत्त्वपूर्ण अंग है। कार्यकर्ता की मनोभूमिका कैसी होनी चाहिए? प्रत्येक मनुष्य जैसा है, उसको स्वीकार करना और जैसा चाहिए वैसा उसे बनाना, यही अपने कार्य का सूत्र है। परंतु क्या प्रत्येक हिंदू में ऐसा परिवर्तन संभव है? हम कह सकते हैं कि इस विषय में हिंदुओं पर आशंका करने की आवश्यकता नहीं है। हमारी मान्यता है कि Essentially every man is Divine. चराचर में व्याप्त दैवीय शक्ति का प्रत्येक व्यक्ति अंग है और अपने उस मूल स्वरूप को प्राप्त करने का उसका निरंतर प्रयास चलता है। इस जीवन में यह क्रिया सहज ही चलती है।

हमें तो प्रत्येक में जो गुण होते हैं, जो गुण हैं, उन्हें पकड़कर सबको काम में लेना है। संस्कृत में एक सुभाषित है—

अमन्त्रं अक्षरं नास्ति।
नास्ति मूलं अनौषधम्॥
अयोग्य: पुरुषां नास्ति।
योजक स्तत्र दुर्लभ:॥

अपनी भूमिका ऐसी है कि अपने आस-पास में जो हिंदू समाज है, उसमें से प्रत्येक के गुण का हिंदू समाज को संगठित करने के लिए उपयोग करो। समाज में थोड़े-बहुत योग्यतावाले लोग भी होते हैं। उनका उपयोग करने की कुशलता हममें होनी चाहिए और उसके अनुरूप उसे काम देकर संगठन के लिए उसका उपयोग कर लेना चाहिए, जिससे उस व्यक्ति को संतोष मिले, संगठन का काम बढ़े। ऐसा करते-करते कार्यकर्ता स्वयं भी कुशल संगठक बनता जाता है।

संघर्ष से भागना नहीं

एक परिवार को चलाने के लिए अनेक कष्ट सहने पड़ते हैं। हजारों-लाखों परिवारों के आधारभूत समाज के कामों के लिए तो कष्ट सहन करने ही पड़ेंगे। कष्टों से डरना या काम टालना तो एकदम अयोग्य माना जाएगा। मानसिक और शारीरिक संघर्ष भी करना पड़ेगा। संघर्ष तो जीवन के कदम-कदम पर है। कार्यकर्ता को संघर्ष के लिए निरंतर तैयार रहना होगा। इसीसे कार्य का विस्तार होगा।

श्रद्धा से संकल्प बल

कार्य हमेशा कार्यकर्ता की संकल्प-शक्ति से पूर्ण होता है और इस संकल्प-शक्ति का आधार कार्यकर्ता की शक्ति है। कार्य के लिए अटूट श्रद्धा आवश्यक है। वही सुषुप्त शक्ति को जाग्रत् कर सकती है और दूसरों को कार्य में जोड़ सकती है। हमारा यह प्राचीन हिंदू राष्ट्र फिर से शक्तिसंपन्न हो, स्वाभिमान और गौरव से खड़ा रह सके, इसके लिए ही तो यह सारी दौड़-धूप है। इस अंगीकृत कार्य के लिए अपने भीतर अंत:करण में श्रद्धा होनी चाहिए। संघ संस्थापक आद्य सरसंघचालक डॉ. हेडगेवारजी के अंत:करण में हिंदू राष्ट्र विषयक यही अटूट श्रद्धा थी। दुर्भाग्य से वे यह ध्येय सिद्ध होते हुए नहीं देख सके। परंतु उनका जीवन यशस्वी है; क्योंकि उनके जीवन से प्रेरणा लेकर उसी श्रद्धा और निष्ठा से काम करनेवाले सैकड़ों तरुणों का निर्माण हुआ।

व्रत जीवन पर्यंत का

किसी भी व्रत के पालन का संकल्प हमने किया है तो परिस्थितियाँ विपरीत होने के बावजूद उसे पूरा करते हैं। एक ऐसी भी मान्यता होती है कि युवावस्था में तो कार्य का उत्साह रहता है, परंतु सांसारिक जीवन में आने के बाद कार्य करना संभव नहीं होता है। लेकिन कोई एकाध स्वयंसेवक ही ऐसा होता है जो विद्यार्थी काल से स्वयंसेवक बनता है, पूर्ण समय देकर प्रचारक तक पहुँचता है, आगे चलकर सांसारिक व्यवहार, व्यवसाय की जिम्मेदारी निभाते हुए भी नियमित कार्य करता है। ऐसे स्वयंसेवक समाज के लिए एक आदर्श खड़ा करते हैं। समाज पर इसका अनुकूल प्रभाव पड़ता है और अन्य कार्यकर्ताओं को इससे प्रेरणा मिलती है। कई बार ऐसा भी देखा जाता है कि संघ के कार्य को तो लोग ठीक कहते हैं, पर दैनंदिन कार्य करने की उसकी तैयारी को नहीं। और उसके पर्याय में साप्ताहिक शाखा चले, ऐसा कहते हैं। फिर साप्ताहिक शाखा से भी ऊबने लगते हैं और मासिक शाखा का पर्याय सामने आकर खड़ा रहता है, फिर धीरे-धीरे उत्सवों में और अंततः समाज को इन बातों से बचने का व्रत लेकर संघ कार्य में सहयोग करना चाहिए। उत्सवों का भी विस्मरण कर देते हैं। यहाँ तक कि गुरु पूर्णिमा का दिन भी भूल जाते हैं और निमंत्रण की अपेक्षा रखते हैं।

भूत सवार हुआ है

संघ कार्य एक ईश्वरीय कार्य है। 'त्वदीयाय कार्याय बद्धा कटीयम्' ऐसा हम रोज अपनी प्रार्थना में कहते हैं। हम Without Reservation रोज इस कार्य में लग जाएँ, तभी कार्य श्रेष्ठ होगा। 'तुम्हारे मन पर संघ का भूत सवार हुआ है?' यही पूज्य डॉक्टर साहब पूछते थे तो उनका भी यही उद्देश्य था। रिजर्वेशन से किया गया कार्य यशस्वी या प्रभावी नहीं हो सकता। जो कुछ भी नहीं करतें उससे रिजर्वेशन से कार्य करनेवाले लोग अच्छे हैं, यह बात तो सही है, परंतु संपूर्ण समाज में परिवर्तन लाने की जिम्मेदारी को जिन लोगों ने स्वीकार किया है, उनको तो कार्य में अपनी सर्वशक्ति एवं बुद्धि से कूद पड़ना होगा। उसमें रिजर्वेशन के लिए कोई अवकाश नहीं, अर्थात् कर्तृत्व संपन्न एवं समर्पित जीवन ही समाज की सभी

समस्याओं का समाधान है।

हमारे मार्ग में कठिनाइयाँ तो आएँगी, परंतु कार्य के संबंध में अपने अंत:करण में परिपूर्ण श्रद्धा हो और श्रद्धा के अनुरूप हमारा प्रत्यक्ष व्यवहार हो तो कठिनाई के बादल छँट जाएँगे। समाज हमारी बात मानने लगेगा।

□

हिंदू शक्ति का जागरण

समूचे हिंदू समाज में शक्ति जाग्रत् करना, संगठित करना और प्रभावी बनाना हमारा प्रमुख ध्येय है। पिछले कई वर्षों से हम अपने इसी लक्ष्य को सामने रखकर कार्य करते आ रहे हैं और धीरे-धीरे इस जादुई शक्ति का अनुभव भी कर रहे हैं।

संघ की स्थापना हुई तब यहाँ अंग्रेजों का शासन था। अंग्रेजों ने हिंदू समाज में भिन्न-भिन्न प्रकार के भ्रम पैदा किए। उसमें से एक भ्रम था, 'Hindu race is a dying race'. इसके लिए वहाँ के विद्वान् तर्क देते थे कि 'पहले कुदरत में बीज होता है, फिर उसमें से बीज होता है और आखिर में वह वृक्ष खराब हो जाता है। हिंदू समाज में भी ऐसा ही है।'

उन्होंने दूसरा भ्रम खड़ा किया था कि 'इस समाज में तो कितने ही भेद हैं—भाषागत, जातिगत, संस्कृतिगत, आर्य और द्रविड़। कोई Marshal Race है तो कोई Non-Marshal Race. हिंदू एक समाज कभी था ही नहीं, और न ही कभी एक हिंदू राष्ट्र था।

स्व विस्मृति के परिणाम

डॉक्टर साहब ने स्पष्ट कहा कि हिंदू समाज प्राचीन काल से एक राष्ट्र के रूप में यहाँ रहता आया है। हिंदू समाज ही यहाँ का राष्ट्रीय समाज है। अत: उन्होंने तत्कालीन बातों की चिंता किए बिना जो सत्य है, इतिहास मान्य है और राष्ट्र के लिए हितकर है वही कहा, और उसे प्रत्यक्ष व्यवहार में लाने

के लिए संघ कार्य का प्रारंभ किया।

डॉक्टर साहब कहते थे कि यह देश हिंदुओं का है। हिंदू समाज की अवनति मुसलमानों और अंग्रेजों के आक्रमण के कारण हुई है, ऐसा नहीं अपितु समाज में राष्ट्रभक्ति क्षीण हो गई थी। व्यक्ति और समाज के वास्तविक संबंध का विस्मरण हुआ है। समाज की इस अवस्था के कारण बाहरी आक्रमणकारियों को स्थान मिल गया। हमारे समाज में मनुष्य बल था, धन का भंडार था, शस्त्र थे; 'परंतु इस राष्ट्र का मैं भी एक अंग हूँ, इसलिए मेरे जीवन में राष्ट्रहित का सर्वप्रथम स्थान होना चाहिए, राष्ट्रहित के लिए यदि आवश्यकता पड़े तो मुझे सबकुछ समर्पित करने के लिए तैयार रहना चाहिए'—इस कर्तव्य का ज्ञान चला गया; जिससे सभी प्रकार की शक्ति होते हुए भी समाज पराभूत हुआ। जिसके लिए सर्वप्रथम हिंदू समाज में राष्ट्रभक्ति जाग्रत् कर उसे संगठित करने की आवश्यकता है।

हिंदू राष्ट्र के दर्शन

धीरे-धीरे लोग ये बात समझने लगे, फिर भी वे पूछते थे कि 'इतने सारे भेद जहाँ हों, वह समाज संगठित होगा क्या? यह बिलकुल असंभव है।' तब डॉक्टर साहब इतना ही कहते कि 'यह संभव है, आज नहीं तो कल सभी लोगों को इसका अनुभव होगा।' नागपुर के अपने अंतिम भाषण में डॉक्टर साहब ने संघ शिक्षा वर्ग के लिए देश भर से आए स्वयंसेवकों को संबोधित करते हुए कहा, 'संघ की दृष्टि से यह वर्ष महज सद्‌भावपूर्ण वर्ष है। आज मैं अपने सामने हिंदू राष्ट्र के छोटे स्वरूप को प्रत्यक्ष देख रहा हूँ।' डॉक्टर साहब के साथ हिंदू समाज के अन्य कितने ही लोग यह देख रहे थे। प्रारंभ में संघ कार्य की उपेक्षा हुई, फिर अप्रत्याशित वृद्धि हुई, परंतु जैसे-जैसे कार्य बढ़ता गया वैसे-वैसे उसका विरोध भी बढ़ा। संघ पर दो-दो बार प्रतिबंध लगाए गए, हमले प्रारंभ हुए। कार्यकर्ताओं की हत्या की गईं। संघ को समाप्त करने का षड्‌यंत्र शुरू हुआ; परंतु अब विरोध करनेवालों के ध्यान में भी आ गया कि संघ का नाम मिटाना संभव नहीं। देश भर में संघ कार्य बढ़ रहा है। बीस हजार से अधिक गाँवों में संघ की शाखा चल रही है। बीस लाख से अधिक स्वयंसेवक नित्य संघ कार्य कर रहे हैं। जैसे चंद्रमा पर

पहुँचना अब कल्पना नहीं, अपितु यथार्थ है। उसी तरह संघ कार्य बढ़ने से लोगों को लगा, हिंदू राष्ट्र अब कल्पना नहीं।

समाज जाग्रत् हो रहा है

समाज में जब संगठित शक्ति जाग्रत् होती है तब उसका असर पूरे समाज जीवन के सभी क्षेत्रों पर थोड़ा-बहुत हुए बिना नहीं रहता। विश्व हिंदू परिषद् के जनजागरण कार्यक्रम के कारण जाग्रत् हिंदू शक्ति के दर्शन से लोगों को ध्यान में आया कि Now one cann't Neglect Hindu Force; Nor it can be taken for Granted. इस समय देश में हम एक अनोखी हिंदू जागृति का दर्शन कर रहे हैं। हिंदू समाज अपनी कुंभकरणीय निद्रा त्याग रहा है। पिछले साठ वर्षों से संघ के कार्यों में उत्तरोत्तर वृद्धि हुई है। हमने देखा है, इसके मूल में स्वयंसेवकों की आंतरिक श्रद्धा, विश्वास और निष्ठा ही है।

बलम् उपारो!

परंतु यह हिंदू शक्ति अभी भी निर्णायक शक्ति हुई नहीं। इस देश में राष्ट्र विरोधी तत्त्व, व्यक्तिगत या सामूहिक रूप से सिर उठा न सके, ऐसा वातावरण अभी नहीं बन सका है। यह जाग्रत् शक्ति प्रभावक और निर्णायक बने, इसके लिए भरपूर प्रयास की आवश्यकता है। हिंदू शक्ति निर्णायक शक्ति के रूप में खड़ी होनी चाहिए, ऐसा सबको लगता है। परंतु ऐसा लगना ही पर्याप्त नहीं, इसके लिए लोगों के साथ हमारा संपर्क बढ़ना चाहिए और वह संपर्क पोस्टमैन संपर्क न हो, प्रत्यक्ष परिचय, विचारों का आदान-प्रदान, एक-दूसरे के मन को जान लेना हो। इस प्रकार के संपर्क पद्धति क्षेत्र को बढ़ाना पड़ेगा। अपना स्थान, गाँव छोड़कर अन्यत्र जाने की तैयारी करनी पड़ेगी और ऐसी तैयारी नहीं होगी तो संघ का प्रसार कैसे होगा! इसीलिए मैं कहता हूँ कि संपर्क का अपना विस्तार बढ़ाना होगा।

संपर्क में आए व्यक्ति को संगठन में जोड़कर कार्यकुशल बनाने का मार्ग है अपनी शाखा—प्रभात शाखा, सायं शाखा, रात्रि शाखा। प्रारंभिक कठिनाई अवश्य होगी, परंतु संपर्क योजना में अभूतपूर्व यश मिलेगा। लोग अपने नजदीक आएँ, अनुरूप बनें, यह आवश्यक है। □

शब्द नहीं कृति

राजकोट आने का कार्यक्रम मैंने इस उद्‌देश्य से तय किया कि वैसे भी मुझे अमदाबाद और वडोदरा आना ही था। इसी समय इस वर्ग का भी समारोह था और इस वर्ष अपने प्रांत के, क्षेत्र के अन्य कई समारोहों में उपस्थित रहने की संभावना न थी। इसलिए विचार किया कि कम-से-कम एक वर्ग के स्वयंसेवकों के दर्शन तो कर लूँ। इस दृष्टि से दो दिन पहले राजकोट सब स्वयंसेवकों के दर्शन करने आया हूँ।

आज अपना वर्ग पूर्ण हुआ। तुम सभी वर्ग से वापस जाओगे, इस उपलक्ष्य में अपने सह क्षेत्र प्रमुख (श्री सुरेशराव केतकरजी) ने आपके समक्ष विचार रखे हैं। वैसे भी पंद्रह दिन में विविध विषयों पर बहुत कुछ जानने को मिला होगा। मुझे लगता है कि अपने सभी कार्यशील स्वयंसेवकों ने इसे ध्यान में जरूर लिया होगा कि कार्यकर्ता से ही कार्य खड़ा होता है।

जीवन अर्थात् कर्तव्य

तत्काल परिस्थिति में जो परिवर्तन आता है, वह उस अवधि में परिश्रम करनेवाले छोटे-बड़े कार्यकर्ताओं से ही होता है। विश्व इतिहास पर दृष्टिपात तो कोई भी परिवर्तन अचानक नहीं हुआ। चाहे वह किसी भी देश का क्यों न हो। कल्पना और वास्तविकता में बहुत अंतर होता है। स्वप्न मनोरंजक अवश्य होते हैं; परंतु प्रत्यक्ष जीवन में तो केवल वास्तविकता का ही सामना करना पड़ता है। हम जो परिवर्तन लाना चाहते हैं, उसमें अपनी कल्पना

एवं परम वैभव को साकार करना है।

हिंदुस्तान की वर्तमान स्थिति ऐसी है कि यदि पिछले एक वर्ष का स्मरण करें तो जो घटनाएँ घटी हैं, उनसे कोई स्वयंसेवक व्यथित नहीं हुआ होगा, ऐसा नहीं। पंजाब की समस्या हो, आरक्षण विरोधी आंदोलन हो, असम हो या दिल्ली—ये सभी समस्याएँ व्यथा और पीड़ा दे जाती हैं। इन सबका समाधान एक ही है—यह देश मेरा है और मुझे इसके लिए कुछ करना पड़ेगा। भारतवर्ष कितने ही वर्षों से सब सहन करता आ रहा है। इसका कारण भी उसपर आक्रमण करनेवाले मुट्ठी भर लोग नहीं, खटपट करनेवाले ब्रिटिशर भी नहीं, परंतु देश के नागरिकों के स्तर में गिरावट के कारण ऐसे लोग अपना उल्लू सीधा करते हैं।

देशहित को प्राथमिकता

यहाँ उपस्थित कई लोगों से जब मैं छोटी आयु का था तब परम पूज्य डॉ. हेडगेवारजी की बैठक में मुझे उपस्थित रहने का सौभाग्य मिला था। उन्होंने जो कहा था, वह सब मेरी समझ में आ गया था, मैं ऐसा नहीं कहता। हम लगभग पच्चीस लोग थे। अपने हित की अपेक्षा देश का हित पसंद करनेवाले लोगों की संख्या अधिक होगी तब यह देश अपनी कल्पना के अनुसार आगे बढ़ सकेगा।

उस समय देश गुलाम था। हमपर कोई राज करे, हमें कोई दबाए और उसके कहने के अनुरूप हमें काम करना पड़े, वह किसीको पसंद नहीं होगा और यह सबको खलता था। परंतु मार्ग मिलता न था, तब डॉक्टर साहब कहते, इसके लिए लोगों को एकत्रित करना पड़ेगा। चुपके से किसी षड्यंत्र की तरह नहीं, अपितु खुलकर कहना होगा कि 'हाँ, इस देश के लिए जो कुछ करना है, वह हम करेंगे और जो सहन करना पड़ेगा, वह सहन करेंगे। ऐसे बहुत लोग एकत्रित करने पड़ेंगे।' हम अकेले सहन करेंगे, इससे मिला परिणाम दिखाई नहीं देगा, परंतु बलिदान व्यर्थ नहीं जाएगा। ऐसा विचार जिनके मन में होगा, उनसे सद्भाव में किया गया कार्य दुनिया में कहीं व्यर्थ नहीं जाएगा।

सुसंस्कार व्यर्थ नहीं जाते। अपने-अपने स्थान पर अपने देशहित की

दृष्टि से, सद्भाव से काम करते समय शायद तत्कालीन फल मिले या न मिले, इसकी चिंता मत करना। तुम्हारा वह सद्कृत्य फलदायी होगा ही। सवाल परिणाम का नहीं; क्योंकि जो सुख आज हम भोग रहे हैं, उसके पहले भी किसीने कुछ-न-कुछ सद्कर्म किया होगा और उस पीढ़ी के बलिदान से हम आज भोग रहे हैं। हमारे कार्य से भविष्य की पीढ़ी राष्ट्र की दृष्टि से कुछ अच्छे दिन देखेगी, इस कल्पना से विचार करनेवाले और आचरण करनेवाले लोग होंगे। जिसके कारण इस अनुसार काम करनेवाले बाकी लोगों में इच्छा जागेगी और देश का भविष्य देखते-ही-देखते बदल जाएगा। आवश्यकता विश्वास के साथ काम करने की है। आज नहीं तो कल, विरोधी लोग अपने साथ होंगे। 'कुछ लोग पहले संघ के कट्टर विरोधी थे और अब वे कट्टर संघ के हो गए हैं।' इसी भावना के साथ जिस-जिस स्थान के स्वयंसेवकों ने उन्हें स्वयंसेवक बनाया है और उन स्वयंसेवकों ने उस विषय को ध्यान में रखा होगा कि प्रत्येक व्यक्ति के मन में भगवान् बसा है। प्रत्येक व्यक्ति संस्कारक्षम है। किसी पर किए गए अच्छे संस्कार व्यर्थ नहीं जाते।

मानवता का उद्घोषक केवल हिंदू

संस्कार क्षमता जाग्रत् हो ऐसा एक रूप बना समाज खड़ा होगा, तब क्या होगा? हम सभी ने एकात्मता यात्रा देखी है। शायद वह हमेशा का विषय नहीं होगा। परंतु हिंदू समाज का हित न चाहनेवाले लोगों के अंतःकरण में एक तरह का भय उत्पन्न हुआ कि हिंदू समाज जाग्रत् हो रहा है। पंजाब का प्रश्न पैदा हुआ तब एक व्यक्ति ने बी.बी.सी. पर कहा, 'आज की परिस्थिति से लड़ने की क्षमता केवल एक ही संस्था में है। वह संस्था कहती है कि सर्वत्र हिंदू मेरा है। वही इस देश के वर्तमान को परिश्रम से भविष्य काल का बना सकेगी, ऐसी एक शक्ति है।'

अपना भविष्य अपने हाथ में

हिंदू समाज को श्रेष्ठ बनाने के लिए प्रतिदिन प्रयत्नशील सबके कर्म से यह देश 'ऊपर' आनेवाला है। मन में ऐसा विश्वास रखकर चलनेवाले हम सबको अपनी दिनचर्या जाँचनी होगी। जप-ध्यान मात्र से कुछ नहीं होगा।

अनेक लोग छोटे-बड़े साइज में 'गीता' छपवाकर मुफ्त बाँटते हैं, परंतु उस 'गीता' को बाँटनेवालों के ध्यान में यह बात नहीं आती कि मनुष्य स्वयं ही अपना मित्र या शत्रु होता है। जिसने मन-ही-मन चिंतन किया है, व्यवहार किया है, उसे ध्यान में आता है कि प्रत्येक व्यक्ति अपना मित्र है और अपना शत्रु भी है। इस देश के सभी हिंदू हमारे मित्र हैं और हमें सबके परिश्रम से ऊपर उठना है। उसके लिए हम अपनी पूरी शक्ति लगाएँगे। यह बात हम अपने मन में रखेंगे तो दुनिया के हिंदू निराश नहीं होंगे। वह कहेगा कि मेरा भविष्य मेरे हाथ में है। हिंदू समाज के अतिरिक्त दुनिया में दूसरा कोई ऐसा समाज नहीं, जो अपने अंगों को कह सके कि तुम्हारा भविष्य तुम्हारे हाथ में है। सभी कहते हैं कि अमुक-अमुक तुम्हारा उद्धार करेगा। केवल हिंदू समाज ही कहता है कि मेरा उद्धार मेरे हाथ में है। हम उस मार्ग के हैं। हम रोज इस बात का चिंतन करें। आज की विपरीत परिस्थिति में इतने स्वयंसेवक इस संघ शिक्षा वर्ग में आए हैं इसका जिन्हें आश्चर्य लगता है, वे सभी भविष्य में अभूतपूर्व सफलता देखेंगे।

अनेक प्रकार के आंदोलन होंगे, अनेक प्रकार के संकट आएँगे, अनेक प्रकार के भय होंगे, फिर भी स्वयंसेवक भ्रम रहित होकर अपने-अपने स्थान पर लोगों के मार्गदर्शक बनें। हम केवल संघ में जाकर ही संतोष न कर लें, पूरी शाखा का निर्माण करें।

मैं परमेश्वर से प्रार्थना करता हूँ कि यहाँ बैठा प्रत्येक स्वयंसेवक लोगों का मार्गदर्शक बने और शाखा का निर्माण करने में यशस्वी बने।

□□□